BIBLE
WORD
SEARCHES

Vickie Save

Illustrated by
Ken Save

BARBOUR BOOKS

An Imprint of Barbour Publishing, Inc.

Published by Barbour Books, an imprint of Barbour Publishing, Inc., P.O. Box 719, Uhrichsville, Ohio 44683, www.barbourbooks.com

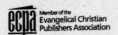

Member of the
Evangelical Christian
Publishers Association

Printed in the United States of America.
5 4 3

SUPER
BIBLE
WORD
SEARCHES

WHAT IS FAITH?

THE BEST WAY TO DESCRIBE FAITH IS TO LOOK AT WHAT IT IS NOT.

FAITH IS *NOT* A FEELING. FEELINGS CANNOT THINK AND THEY DO NOT KNOW THE DIFFERENCE BETWEEN THE PAST, THE PRESENT, AND THE FUTURE. FEELINGS DO NOT KNOW THE DIFFERENCE BETWEEN WHAT IS REAL, FANTASY, TRUTH, OR LIE.

IF YOU WATCH A SCARY MOVIE, YOU FEEL AFRAID. IF YOU WATCH A SAD MOVIE, YOU FEEL SAD. IT *FEELS* VERY REAL, BUT EVERYTHING YOU ARE WATCHING IS JUST MAKE-BELIEVE! NONE OF IT IS REALLY HAPPENING TO YOU, BUT YOUR FEELINGS SURE MAKE IT SEEM THAT WAY, DON'T THEY?

FEELINGS RESPOND TO WHAT ARE CALLED YOUR FIVE SENSES: THE SENSE OF SIGHT, HEARING, SMELL, TOUCH, AND TASTE.

FAITH, HOWEVER, IS BASED ON TRUTH AND FACTS THAT NEVER CHANGE. FAITH IS A CHOICE *AND* AN ACTION TO BELIEVE WHAT GOD SAYS IS TRUE AND TO TRUST HIM TO DO WHAT HE PROMISES IN HIS WORD.

THE OBJECT OF MY FAITH

FIND THE WORDS UNDERLINED BELOW IN THE WORD SEARCH ON THE NEXT PAGE.

"IN THE <u>BEGINNING</u> WAS THE <u>WORD</u>, AND THE WORD WAS WITH <u>GOD</u>, AND THE WORD WAS GOD. THE WORD BECAME <u>FLESH</u> AND MADE HIS <u>DWELLING</u> AMONG US. WE HAVE SEEN HIS <u>GLORY</u>, THE GLORY OF THE <u>ONE</u> AND ONLY, WHO CAME FROM THE <u>FATHER</u>, FULL OF <u>GRACE</u> AND <u>TRUTH</u>."

JOHN 1:1, 14

```
G W F A T H E R P W B K
Q O K P D H J Q R D E G
W T D G W J P Y H P G L
Y H F D H Y F H G Y I T
S T W R K P Q G S H N R
G L O R Y D T P F D N D
R D N H Y Q D K D Q I W
A Q E R T F F T P G N K
C O H D W E L L I N G Z
E N T G T Q E W Y K P T
P E F S P D S F G H Y J
R F D D Q H H G Q H S N
D Q R G H K Y W J S F S
Y O Y T F S G T H J W P
W W H F Q T R U T H T K
```

THE SHEPHERD

FIND THE WORDS UNDERLINED BELOW IN THE WORD SEARCH ON THE NEXT PAGE.

"'MY <u>SHEEP</u> <u>LISTEN</u> TO MY <u>VOICE</u>; I KNOW THEM, AND THEY <u>FOLLOW</u> ME. I GIVE THEM ETERNAL <u>LIFE</u>, AND THEY SHALL NEVER <u>PERISH</u>; NO ONE CAN <u>SNATCH</u> THEM OUT OF MY <u>HAND</u>.'"

JOHN 10:27–28

8

V	X	V	L	C	K	V	J	H	M	D	H
B	O	L	H	N	G	F	N	K	F	A	C
N	K	I	M	J	C	V	L	G	N	F	Z
V	L	S	C	X	Z	X	H	D	H	J	D
X	C	T	J	E	M	J	K	S	C	X	V
B	K	E	H	S	H	E	E	P	L	N	J
L	H	N	G	B	G	B	F	M	K	F	P
Z	Z	V	K	M	X	M	J	G	N	S	E
C	X	M	X	C	Z	H	V	X	G	D	R
S	J	N	G	Z	F	B	X	D	V	B	I
N	H	L	K	L	I	F	E	C	N	K	S
A	N	B	L	C	H	Z	M	N	L	D	H
T	J	M	F	K	N	D	F	Z	V	V	L
C	Z	G	F	O	L	L	O	W	C	Z	G
H	M	F	B	D	F	B	G	B	L	J	H

WORD LIST

FIND THE WORDS LISTED BELOW IN THE WORD SEARCH ON THE NEXT PAGE.

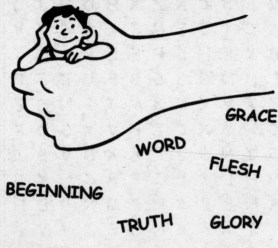

GRACE

WORD

FLESH

BEGINNING

TRUTH   GLORY

VOICE   LISTEN

SNATCH   HAND

```
S R P S E H A L L T E U
E G E J O A F W O R D L
R P R J H N J F Z U R D
V Q A A X D B E L T R T
A M L C C B M V R H I S
B B I P A E B I D H P T
T E R R V A N J L I T S
F T G L O R Y D M L D N
J K H I B B J E S I F A
T Y C N N E F L E S H T
O V Q E R N C G K T K C
G E O U J S I O I E B H
S J N I D V S N N N S L
P D B O C C T P G U H W
B E T P D E D E E K O B
```

WORD LIST

FIND THE WORDS LISTED BELOW IN THE WORD SEARCH ON THE NEXT PAGE.

CLEANSE

FEAR

CURTAIN

SONSHIP

PURE

NEAR

PRIEST

GUILTY

CLOTHE

TREAT

```
C L E A N S E O L M M Y
T F L Z R P B C D S D M
K M J R C E T R E A T P
A H S E U D R U T U B D
D F E A R I B R N W S B
M I N J T A P R I E S T
G T M J A B M U D H N R
U R N O I S T B C G Q S
I J Z G N E H U L U U O
L U A G N B N M O L S N
T D M M E I W E T B E S
Y G A C S P V C H X W H
N E L P P U C M E I O I
O S W R V R N D X U S P
M N E A R E J D H V R G
```

HE'S FROM ABOVE

USING THE LINES ON THE NEXT PAGE, UNSCRAMBLE THE UNDERLINED WORDS BELOW. THEN FIND THEM IN THE WORD SEARCH PUZZLE.

"BUT HE <u>TCINONEDU</u>, '<u>OYU</u> ARE FROM <u>EWBLO</u>; I AM FROM <u>VBEAO</u>. YOU ARE OF THIS <u>LWRDO</u>; I AM NOT OF <u>SIHT</u> WORLD.'"

JOHN 8:23

14

_____   _____

_____   _____

_____   _____

```
W B N R J I S E A D E B
O D T W E R J U V O S N
R R F P J O J G B R V A
L Y J Q D H T O B U C B
D C O N T I N U E D T O
F S O B P Q P E L E A V
Z E G C E G R O O A F E
X R U T A N I H W B J S
C O P K T H I S Y B B T
Y A B Y L T N T D E M D
```

LOOK TO THE SON

USING THE LINES ON THE NEXT PAGE, UNSCRAMBLE THE UNDERLINED WORDS BELOW. THEN FIND THEM IN THE WORD SEARCH PUZZLE.

"'FOR I HAVE COME DOWN FROM HNEVAE NOT TO DO MY WILL BUT TO DO THE WILL OF HIM WHO TENS ME. AND THIS IS THE WILL OF HIM WHO SENT ME, THAT I SHALL SOLE NONE OF ALL THAT HE HAS EVIGN ME, BUT SAERI THEM UP AT THE LAST DAY. FOR MY FATHER'S WILL IS THAT EVERYONE WHO LOOKS TO THE SON AND ELEBSIEV IN HIM SHALL HAVE ETERNAL LIFE, AND I WILL RAISE HIM UP AT THE LAST DAY.'"

JOHN 6:38–40

_____   _____

_____   _____

```
L V P K A B M X Y B B T
K A B E L I E V E S M D
J N R J I S E A D E B L
H T W E R A I S E S N B
E F P J O J G B R V S F
A J Q D N T O B U C E E
V T M E C C P L B T N V
E O V P Q P E O E A T I
N I C E G R O S A F Q J
G S T A N I H E B J S D
```

HE IS THE BREAD OF LIFE

FIND THE WORDS UNDERLINED BELOW IN THE WORD SEARCH ON THE NEXT PAGE.

"'NO ONE HAS <u>SEEN</u> THE <u>FATHER</u> EXCEPT THE <u>ONE</u> WHO IS <u>FROM</u> GOD; ONLY HE HAS SEEN THE FATHER. I <u>TELL</u> YOU THE <u>TRUTH</u>, HE WHO BELIEVES HAS <u>EVERLASTING</u> LIFE. I AM THE <u>BREAD</u> OF <u>LIFE</u>.'"

JOHN 6:46–48

```
B P E K E O L B G E W O
P R P T O R E L I F E U
Y F E L H V M R F T R L
T G A A I B T E L L R D
R S E L D I B I D H G T
E P L P F A N D L N P S
W T F R V B T E I S T K
Q R R I B B P T S E K S
O W O D B F S H E R D E
N H M N C A Q H K T V E
E D A C L T R U T H H N
G M Q R E H T N W I K L
F R E O Y E D T T U B N
T V I O N R L D W I L O
E D B M S E K T R E H L
```

WORD LIST

FIND THE WORDS LISTED BELOW IN THE WORD SEARCH ON THE NEXT PAGE.

WORK

EARTH

GLORY

GLORIFY

FAITH

BEGAN

DOOR

COMPLETING

JESUS

CHRIST

PRESENCE

MAN

```
C O M P L E T I N G M D
T F L R R P B C D S O M
K M J E J E A Q D O S P
A H S S P D R C R U B D
D A R E A R T H N W S G
M I N N S A T R T S T L
E T M C V B M I D W N O
U R J E S U S S C O Q R
T J Z G G E H T M R U I
E U A G N B N M E K S F
G L O R Y E W E X B E Y
O G A C S G V C A X W R
N E N P P A C M S I O D
O A W R V N F A I T H X
M N Y I E X J D H V R G
```

WORD LIST

FIND THE WORDS LISTED BELOW IN THE WORD SEARCH ON THE NEXT PAGE.

HEAVEN

BELOW

WORLD

FAITH

RAISE

LOSE

SENT

BELIEVES

BREAD

GLORY

EARTH

EVERLASTING

```
W A S E N T D A Q D E S
R D A R G V I R U T U B
T R A I S E A B R E A D
U E T M J V B T I T S T
X U R N O O S M U D H N
E V E R L A S T I N G Q
A E U A G N S H U M U U
R R F M M E B N M E L S
T O A A W O R L D X B H
H N I L P P R V C A E E
M O T W R V I C M S L A
L M H Y L O S E D X O V
C Y E C G L O R Y H W E
T F L Z R P M O L M M N
K B E L I E V E S S D M
```

WORD LIST

FIND THE WORDS LISTED BELOW IN THE
WORD SEARCH ON THE NEXT PAGE.

WILL

BEGAN

ENTER

LOVE

ANGELS

HEIGHT

CREATION

GOOD

DWELLING

DEATH

DEPTH

SEPARATE

```
A O S W R V A T Q D E S
C M N Y I E A N G E L S
R Y E C D I S T R N W S
E F L Z D E A T H T S E
A M O R J Y B E G A N P
T H V E W T I B B C G A
I A E G I E R H U M U R
O I N J L S I E M E L A
N T M J L D B I E X B T
U R N O O X X G C A X E
T G O O D A M H M S I O
E U A G N P B T D X U S
R D W E L L I N G H V R
O G A C S D E P T H M Y
N E N T E R B C D S D M
```

ASK YOURSELF

WHAT HAVE YOU LEARNED SO FAR? FIND OUT
BY ANSWERING THE QUESTIONS BELOW.

1. WHO WAS IN THE BEGINNING?

JOHN 1:1, 14

_____

2. WHO WAS THE WORD WITH?

JOHN 1:1, 14

_____

3. WHO WAS THE WORD?

JOHN 1:1, 14

_____

4. WHERE DID JESUS SAY HE WAS FROM?

JOHN 6:38

_____

5. WHOSE SON DOES JESUS SAY HE IS?

JOHN 6:40

_____

6. WHO DO YOU THINK JESUS IS?

_____

BELIEVE IN JESUS

USING THE LINES ON THE NEXT PAGE, UNSCRAMBLE THE UNDERLINED WORDS BELOW. THEN FIND THEM IN THE WORD SEARCH PUZZLE.

"THEN <u>USJES</u> <u>IDCER</u> OUT, 'WHEN A MAN <u>SBEEVLEI</u> IN ME, HE DOES NOT BELIEVE IN ME ONLY, BUT IN THE ONE WHO <u>NSTE</u> ME. WHEN HE <u>OLKOS</u> AT ME, HE <u>ESES</u> THE ONE WHO SENT ME.'"

JOHN 12:44–45

```
C O B P Q P E R E A C I
E R C E G R O J A F Q J
R S I A N I H S E N T D
V P K E B M E Y B B T E
S B Y L D V T D E M D E
E R J I E E A J E B L G
E W E I J U V O E N B O
S P L O J G B R V S F S
J E D H T O B U C J U P
B M E C L O O K S P V S
```

JESUS IS THE WAY

USING THE LINES ON THE NEXT PAGE, UNSCRAMBLE THE UNDERLINED WORDS BELOW. THEN FIND THEM IN THE WORD SEARCH PUZZLE.

"JESUS <u>DAENRSEW</u>, 'I AM THE <u>YWA</u> AND THE TRUTH AND THE LIFE. NO ONE <u>SCEOM</u> TO THE FATHER EXCEPT THROUGH ME. IF YOU <u>YRLELA</u> KNEW ME, YOU WOULD KNOW MY FATHER AS WELL. FROM <u>OWN</u> ON, YOU DO <u>WNKO</u> HIM AND HAVE SEEN HIM.'"

JOHN 14:6–7

30

_____   _____

_____   _____

_____   _____

```
S O B P Q P E K N O W I
E G C E G R O J A F Q J
R W A Y N I H D B J S D
V P K A B M E Y B B T E
A B Y L T R T D E M D C
N R J I E E A N O W L O
T W E W J U V O S N B M
F P S O R E A L L Y F E
J N D H T O B U C J E S
A M E C C P L B T P V E
```

HE LAID DOWN HIS LIFE

FIND THE WORDS UNDERLINED BELOW IN THE WORD SEARCH ON THE NEXT PAGE.

"'THE <u>REASON</u> MY FATHER <u>LOVES</u> ME IS THAT I <u>LAY</u> DOWN MY <u>LIFE</u>—ONLY TO TAKE IT UP AGAIN. NO ONE <u>TAKES</u> IT FROM ME, BUT I LAY IT DOWN OF MY OWN <u>ACCORD</u>. I HAVE <u>AUTHORITY</u> TO LAY IT DOWN AND AUTHORITY TO TAKE IT UP AGAIN. THIS <u>COMMAND</u> I <u>RECEIVED</u> FROM MY FATHER.'"

JOHN 10:17–18

```
N D G R B B P A T R E O
G M I E B A C C G E W L
F R B A C E Q C X S K O
T H K S R S I O F T R V
O D T O E V T R S S R E
P L L N Y C D D D H I S
H A U T H O R I T Y P T
F Y L H S E K C M S T A
G L P U O L B F S L K K
S W R O R E L E E I D E
R E C E I V E D K F V S
T A D I B K V T I E H I
R H N T I B I N W I K L
W A C O M M A N D U B N
H Q R V B T A D W I L O
```

WORD LIST

FIND THE WORDS LISTED BELOW IN THE WORD SEARCH ON THE NEXT PAGE.

LORD

SIN

CRIED

KING

ANSWERED

COMMAND

AUTHOR

VINE

PURPOSE

FORGIVEN

FREEDOM

MESSIAH

```
F Y E C D A M O L M M L
T O L Z R P B C D S O M
K C R I E D A Q D R S P
A H S G P D R U D U B D
C P R G I I B R N W S B
O U N J S V T I K I N G
M R M J V B E U D H N A
M P N O O S T N C G Q U
A O Z G G E H U M U U T
N S A G N A N V E L S H
D E M M I I W I X B E O
O G A S S R V N A X W R
N E S P P I C E S S O D
O E F R E E D O M U I X
M A N S W E R E D V R N
```

HE IS ALIVE

FIND THE WORDS UNDERLINED BELOW IN THE WORD SEARCH ON THE NEXT PAGE.

"ON THE <u>EVENING</u> OF THAT FIRST DAY OF THE WEEK, WHEN THE <u>DISCIPLES</u> WERE TOGETHER, WITH THE <u>DOORS</u> LOCKED FOR <u>FEAR</u> OF THE <u>JEWS</u>, JESUS CAME AND STOOD AMONG THEM AND SAID, '<u>PEACE</u> BE WITH YOU!' AFTER HE SAID THIS, HE SHOWED THEM HIS <u>HANDS</u> AND SIDE. THE DISCIPLES WERE <u>OVERJOYED</u> WHEN THEY SAW THE <u>LORD</u>."

JOHN 20:19-20

```
H M Q C E V T N W I K L
F A D O Y C D T T U B N
T H N O N T D O O R S O
O D B D S E K T R E H L
E E K E S L B L O R D G
V P T O R E L X S K U O
E Z J H V M R F D R L D
N A E I B K P E A C E R
I E W T I B Y D H I T D
N L S F A O D L F P S A
G W R V J T E M E T K M
R Y I R B P K S A K T B
W A E B A C H E R D Y I
H V N C E Q H K T V N T
O A D I S C I P L E S L
```

WORD LIST

FIND THE WORDS LISTED BELOW IN THE
WORD SEARCH ON THE NEXT PAGE.

REASON

LAW

ACCORD

BURDENED

WAY

NEW

SLAVERY

YOKE

PERFECT

FREE

POWER

OLD

```
M N J Z G D I B R Y Z I
N E U A G F A T I O X U
B W D M M G B M U K X V
C O S L A V E R Y E C M
C N E L P G E H U M V D
T O A C C O R D M F E P
L M N Y I E I W E R U O
A Y E C D S R V C E W W
W F R E A S O N M E S E
M M J R J V B N D X H R
E H B U R D E N E D G Q
X A R G V A M O L M W U
O I N J S P B C D S A S
L T P E R F E C T H Y E
D R N O J D R U T U X W
```

THROUGH THE SON

USING THE LINES ON THE NEXT PAGE, UNSCRAMBLE THE UNDERLINED WORDS BELOW. THEN FIND THEM IN THE WORD SEARCH PUZZLE.

"FOR IF, WHEN WE WERE GOD'S SEIENEM, WE WERE DRLEECIOCN TO HIM THROUGH THE TDHEA OF HIS SON, HOW MUCH EORM, HAVING BEEN RECONCILED, SHALL WE BE ESDAV THROUGH HIS FLEI!"

ROMANS 5:10

```
S O B P Q P D R E A C I
E L I F E R E J A F Q J
R S T A N I A D B J S D
V P E A B M T Y B B T S
A B N L T N H D E M D A
N R E C O N C I L E D V
T W M R J U V O S N B E
F P I O J G B R V S F D
J Q E H T M O R E J E P
T M S C C P L B T P V E
```

JESUS SET ME FREE

FIND THE WORDS UNDERLINED BELOW IN THE WORD SEARCH ON THE NEXT PAGE.

"JESUS REPLIED, 'I TELL YOU THE TRUTH, <u>EVERYONE</u> WHO <u>SINS</u> IS A SLAVE TO SIN. NOW A <u>SLAVE</u> HAS NO PERMANENT PLACE IN THE <u>FAMILY</u>, BUT A SON <u>BELONGS</u> TO IT <u>FOREVER</u>. SO IF THE <u>SON</u> SETS YOU <u>FREE</u>, YOU WILL BE FREE <u>INDEED</u>.'"

JOHN 8:34–36

```
G M Q P F N T L D W I S
F A M I L Y E K T R O D
T H M I B O L B G N W V
O D N N J R E L X S K H
P E B D G V M R F T R K
H P V E T B K V S I N S
F Z C E F I B I D H J L
G B X D B A N D L I F H
S E V E R Y O N E S O O
P L B M R B P K S E R U
T O K E E A C H E R E L
R N T O Y F R E E T V D
W G L H D S I T I N E T
H S L A V E T N W I R S
D A L T Z C D T T U T K
```

SINS OF THE WORLD

USING THE LINES ON THE NEXT PAGE, UNSCRAMBLE THE UNDERLINED WORDS BELOW. THEN FIND THEM IN THE WORD SEARCH PUZZLE.

"THE NEXT DAY <u>HJNO</u> SAW <u>ESUSJ</u> COMING TOWARD HIM AND SAID, '<u>KOLO</u>, THE <u>LMAB</u> OF GOD, WHO TAKES AWAY THE SIN OF THE <u>LWDOR</u>! I HAVE SEEN AND I <u>YTIEFST</u> THAT THIS IS THE SON OF GOD.'"

JOHN 1:29, 34

_____ _____

_____ _____

_____ _____

```
S O B P Q P E R E A C I
E G C E G R O J W F Q J
R L O O K I H D O J S O
V P K A B M X Y R B T H
A B Y L T N T D L M D N
N R J I S E A D D B L G
T E S T I F Y O S N B O
F P J O J G B R V S F S
J E S U S O B L A M B P
T M E C C P L B T P V E
```

PAID IN FULL

FIND THE WORDS UNDERLINED BELOW IN THE WORD SEARCH ON THE NEXT PAGE.

"BUT NOW THAT YOU HAVE <u>BEEN</u> SET <u>FREE</u> FROM <u>SIN</u> AND HAVE BECOME <u>SLAVES</u> TO GOD, THE BENEFIT YOU <u>REAP</u> LEADS TO <u>HOLINESS</u>, AND THE RESULT IS <u>ETERNAL</u> LIFE. FOR THE <u>WAGES</u> OF SIN IS <u>DEATH</u>, BUT THE <u>GIFT</u> OF GOD IS ETERNAL LIFE IN CHRIST JESUS OUR <u>LORD</u>."

ROMANS 6:22–23

```
E M Q E T I B K V S S R
F T G B W A G E S D H I
T H E N P F A N D F I P
B D B R E A P T E R S T
E E L U N B B P K E E K
E P O J D A A C H E R D
N Z R H N C L Q H K T V
G A D G C R S S T I N S
S E M V C E S T N W I L
S L V F D E A T H T U A
I W B V N N T L D W I V
N Y H I M S E K T R E E
W A L K E O L B G E W S
H O T T G I F T X S K U
H A R L H V M R F T R L
```

NAILED TO THE CROSS

FIND THE WORDS UNDERLINED BELOW IN THE WORD SEARCH ON THE NEXT PAGE.

"WHEN YOU WERE DEAD IN YOUR SINS AND IN THE UNCIRCUMCISION OF YOUR SINFUL NATURE, <u>GOD</u> MADE YOU <u>ALIVE</u> WITH <u>CHRIST</u>. HE <u>FORGAVE</u> US <u>ALL</u> OUR <u>SINS</u>, HAVING CANCELED THE WRITTEN CODE, WITH ITS REGULATIONS, THAT WAS AGAINST US AND THAT STOOD <u>OPPOSED</u> TO US; HE TOOK IT <u>AWAY</u>, <u>NAILING</u> IT TO THE <u>CROSS</u>."

COLOSSIANS 2:13–14

```
G M Q C E V T N S I K O
O R G H Y C D T I U B P
D H I R N T L D N I L P
O D B I S E K T S E H O
P E K S O L B G E W O S
H P T T R E L X S K U E
F Z L H V M R F T R L D
G A T A W A Y O S R D R
S L L T I B I R H I T D
P I P F A N D G I P S A
T V R V S T E A S T K M
R E I S B P K V E K T B
W A O B A C H E R D Y I
H R N C L Q H K T V N T
C A C R L N A I L I N G
```

WORD LIST

FIND THE WORDS LISTED BELOW IN THE
WORD SEARCH ON THE NEXT PAGE.

LOVE

PEACE

FRUIT

SPIRIT

PATIENCE

HAPPY

KINDNESS

JOY

GOODNESS

FAITHFUL

GENTLE

```
M L Y E C D A M J O Y M
N O F L P R P B C K S D
B V M J E J A A Q I E S
G E H S A P T R U N U B
O D A R C V I B R D W S
O M I N E S E T I N S T
D E T M J V N M U E H N
N U R N O O C T B S G Q
E G E N T L E H U S U U
S E U A G N B N M E L F
S R D M M E I W E Y B R
F A I T H F U L C A X U
R N E L P P I C M S I I
H A P P Y V B N D X U T
Y M N Y I S P I R I T R
```

ASK YOURSELF

WHAT HAVE YOU LEARNED SO FAR? FIND OUT
BY ANSWERING THE QUESTIONS BELOW.

1. HOW DID JOHN THE BAPTIST
   DESCRIBE JESUS?

   JOHN 1:29

   _____

2. WHAT IS THE SIN OF THE WORLD?

   JOHN 16:9

   _____

3. WHAT DO YOU HAVE IF YOU
   BELIEVE IN JESUS?

   JOHN 5:24

   _____

4. WHAT DID GOD DO ABOUT YOUR SINS?

1 JOHN 2:12

_____

5. HOW WERE YOUR SINS FORGIVEN?

ROMANS 5:10

_____

6. DID JESUS DIE FOR ALL YOUR SINS?

COLOSSIANS 2:13

_____

I HAVE LIFE

USING THE LINES ON THE NEXT PAGE, UNSCRAMBLE THE UNDERLINED WORDS BELOW. THEN FIND THEM IN THE WORD SEARCH PUZZLE.

"'THE ETFHI COMES ONLY TO ASLTE AND LKLI AND RDYEOST; I HAVE MCEO THAT THEY MAY HAVE LIFE, AND HAVE IT TO THE LFLU.'"

JOHN 10:10

_____   _____

_____   _____

_____   _____

```
C O M E Q P E R E A C I
E G C E G R O J A F Q J
R K T A N I H D B J S D
V I K A B M X E B B T E
A L Y L T N T S E M E E
N L J I S E A T E B A G
T H I E F U V R S N L O
F P J O J G B O V S F S
J Q D H T O B Y C J E P
F U L L C P L B T P V E
```

I BELIEVE

FIND THE WORDS UNDERLINED BELOW IN THE WORD SEARCH ON THE NEXT PAGE.

"'I <u>TELL</u> YOU THE TRUTH, <u>WHOEVER</u> <u>HEARS</u> MY <u>WORD</u> AND <u>BELIEVES</u> HIM WHO SENT ME HAS ETERNAL LIFE AND WILL NOT BE <u>CONDEMNED</u>; HE HAS <u>CROSSED</u> OVER FROM <u>DEATH</u> TO <u>LIFE</u>.'"

JOHN 5:24

```
G M Q C E W H O E V E R
F R G O Y C D T T U B N
T H I O N T E L L I L O
O D W M S E K T R E H L
P E O E O L B G E W O G
C C R O S S E D S K L O
F Z D H V M R F T R I D
G A T I B K V S S R F R
S E L T I B I H H I E D
C O N D E M N E D P S A
T W R E B T E A S T K M
R Y I A B P K R E K T B
W A D T A C H S R D Y I
H H N H E Q H K T V N T
D B E L I E V E S H I L
```

I AM BORN AGAIN

USING THE LINES ON THE NEXT PAGE, UNSCRAMBLE THE UNDERLINED WORDS BELOW. THEN FIND THEM IN THE WORD SEARCH PUZZLE.

"IN REPLY JESUS EDDAERLC, 'I TELL YOU THE TRUTH, NO ONE CAN SEE THE OKMIDNG OF GOD UNLESS HE IS NBRO AGAIN. HLSFE GIVES TBHIR TO FLESH, BUT THE SPIRIT GIVES BIRTH TO ISTPRI.'"

JOHN 3:3, 6

_____ _____

_____ _____

_____ _____

```
K O B P Q P E R E A C F
E I C E B I R T H F L J
R S N A N I H D B E S D
V P K G B M X Y S B T S
A B Y L D N T H E M D P
N R J I S O A D E B L I
T W E N J U M O S N B R
F P R O J G B R V S F I
J O D H T O B U C J E T
B M E D E C L A R E D E
```

NEW BIRTH

FIND THE WORDS UNDERLINED BELOW IN THE WORD SEARCH ON THE NEXT PAGE.

"<u>PRAISE</u> BE TO THE GOD AND FATHER OF OUR LORD JESUS <u>CHRIST</u>! IN HIS GREAT <u>MERCY</u> HE HAS GIVEN US NEW <u>BIRTH</u> INTO A LIVING <u>HOPE</u> THROUGH THE RESURRECTION OF JESUS CHRIST FROM THE <u>DEAD</u>, WHO THROUGH <u>FAITH</u> ARE <u>SHIELDED</u> BY GOD'S <u>POWER</u> UNTIL THE COMING OF THE SALVATION THAT IS READY TO BE <u>REVEALED</u> IN THE LAST TIME."

1 PETER 1:3, 5

```
P O W E R V T N W I H L
F R G O Y C D T T U O N
T H B I R T H D W I P O
O D B M S E K T R E E L
P R A I S E B G E W O G
H P T O R E L X S K U O
F Z L H S H I E L D E D
G A T I B K V S S R D R
S E L T I B I D H F T D
C L P F A N D L I A S A
H W R D B T E M S I K M
R E V E A L E D E T T E
I A D A A C H E R H Y R
S H N D E Q H K T V N C
T A C R S I T I N H I Y
```

I AM ALIVE

USING THE LINES ON THE NEXT PAGE, UNSCRAMBLE THE UNDERLINED WORDS BELOW. THEN FIND THEM IN THE WORD SEARCH PUZZLE.

"'AND I WILL ASK THE <u>EFRAHT</u>, AND HE WILL GIVE YOU ANOTHER <u>OCROLUENS</u> TO BE WITH YOU FOREVER—THE SPIRIT OF <u>HTTUR</u>. THE WORLD CANNOT ACCEPT HIM, BECAUSE IT NEITHER SEES HIM NOR KNOWS HIM. BUT YOU KNOW HIM, FOR HE <u>SLEIV</u> WITH YOU AND WILL BE IN YOU.   BEFORE LONG, THE <u>DWLOR</u> WILL NOT SEE ME ANYMORE, BUT YOU WILL SEE ME. BECAUSE I LIVE, YOU ALSO WILL <u>ELVI</u>.'"

JOHN 14:16–17, 19

_____ _____

_____ _____

_____ _____

```
S O B P Q P L I V E S J
E G C E G R H D B J S D
R C O U N S E L O R T E
V P K A B M T T E M D E
A B Y L T N A R E B L G
L I V E M E V U S N B O
T W E R J U B T V S F S
F A T H E R B H C J E P
J Q D H T O L B T P V E
T M E C W O R L D C I L
```

I AM A NEW CREATION

USING THE LINES ON THE NEXT PAGE, UNSCRAMBLE THE UNDERLINED WORDS BELOW. THEN FIND THEM IN THE WORD SEARCH PUZZLE.

"ETRHOEFRE, IF NAENOY IS IN CHRIST, HE IS A WEN OCNRIETA; THE DOL HAS GONE, THE NEW HAS EOCM! "

2 CORINTHIANS 5:17

```
C O B P Q C E O T A C I
E O C E G R O R B N Q J
R S M A N E H J E Y S D
V P K E B A X D A O T E
O L D L T T T Y B N D E
N R J I S I A D B E L G
T W E R J O V D E N B O
F P J O J N B O N E W S
J Q D H T O B R S J E P
T H E R E F O R E P V E
```

CHRIST LIVES IN ME

FIND THE WORDS UNDERLINED BELOW IN THE WORD SEARCH ON THE NEXT PAGE.

"THE <u>MYSTERY</u> THAT HAS BEEN KEPT <u>HIDDEN</u> FOR AGES AND GENERATIONS, BUT IS NOW <u>DISCLOSED</u> TO THE <u>SAINTS</u>. TO THEM GOD HAS <u>CHOSEN</u> TO MAKE <u>KNOWN</u> AMONG THE GENTILES THE GLORIOUS <u>RICHES</u> OF THIS MYSTERY, WHICH IS <u>CHRIST</u> IN YOU, THE <u>HOPE</u> OF <u>GLORY</u>."

COLOSSIANS 1:26–27

```
G M Q C E V T N W I K S
F K N O W N D T T U B A
T H I O N T G L O R Y I
O D B M S E K T R E H N
P E K Y O L B G E W O T
H P T S R C H R I S T S
D Z L T V M R F T R L D
I A T E B K V S S R D R
S E L R I B I D H I T D
C L P Y A H D L I C S A
L W R V B T I M S H K M
O Y H O P E K D E E T B
S A D B A C H E D S Y I
E H N C E Q H K T E N T
D A C H O S E N N H N L
```

CHRIST LIVES THROUGH ME

FIND THE WORDS UNDERLINED BELOW IN THE WORD SEARCH ON THE NEXT PAGE.

"I HAVE BEEN <u>CRUCIFIED</u> WITH CHRIST AND I NO <u>LONGER</u> LIVE, BUT CHRIST <u>LIVES</u> IN ME. THE <u>LIFE</u> I LIVE IN THE <u>BODY</u>, I LIVE BY <u>FAITH</u> IN THE <u>SON</u> OF <u>GOD</u>, WHO <u>LOVED</u> ME AND GAVE <u>HIMSELF</u> FOR ME."

GALATIANS 2:20

```
H M Q C E V T N S O N L
I R G O Y C D T T U B N
M H I O N T L L W I L O
S D B O D Y K I R E O L
E E K E O L B V E W N G
L P T O L E L E S K G O
F Z L H O M R S T R E D
G A T I V K V S S R R R
S E L T E B I D H I T D
P L I F D N D L I P S A
T W F V B F A I T H K M
R Y E B B P K S E K T B
W A D B A C H E R D Y I
H H N C R U C I F I E D
G O D R S I T I N H I L
```

WORD LIST

FIND THE WORDS LISTED BELOW IN THE
WORD SEARCH ON THE NEXT PAGE.

BEARS

CLEAN

PRUNES

GARDENER

REMAIN

THROWN

FRUITFUL

WITHERS

BURNED

DISCIPLES

OBEYED

```
C Y E R E M A I N M B Y
T F L Z R P B C D S E G
K R J R J E A Q D E A A
A U S T H R O W N U R R
D I R G V I B R N W S D
M T O B E Y E D T S T E
E F O H J N M E S H N N
C U N O O S T E C G Q E
L L Z G G E L U M U U R
E U A G N P N M E L S B
A D H W I T H E R S E L
N G A C S R V C A Z W R
N E S P P I C M S I O D
O I W R V B U R N E D X
D N Y P R U N E S V R G
```

WORD LIST

FIND THE WORDS LISTED BELOW IN THE WORD SEARCH ON THE NEXT PAGE.

LIVE

SEARCH

RICHES

MEDITATE

APOSTLE

PERFECTER

AUTHOR

EYES

ENDURED

SCORNING

SHAME

HAND

```
H A N D D A M O L M M Y
T F L Z R E N D U R E D
K M J R J E A Q D E S P
A P O S T L E U T U B D
U A R G V I B R N E S P
T I N J S A T I T Y T E
H T M E D I T A T E N R
O R N O O S T B C S Q F
R J Z G G E H U M U U E
E U R I C H E S E S S C
L D M M E I W E B H E T
I S C O R N I N G A W E
V E L P P I C M S M O R
E S W R V B N D E E S X
S E A R C H J D H V R G
```

ASK YOURSELF

WHAT HAVE YOU LEARNED SO FAR? FIND OUT
BY ANSWERING THE QUESTIONS BELOW.

1. WHAT MUST HAPPEN BEFORE A
   PERSON CAN SEE THE KINGDOM OF
   GOD?

   JOHN 3:3

   _____

2. WHAT KIND OF BIRTH IS JESUS
   TALKING ABOUT?

   JOHN 3:6

   _____

3. HOW DO YOU BECOME A CHILD OF
   GOD?

   JOHN 1:12

   _____

4. ARE NATURAL BIRTH AND SPIRITUAL BIRTH THE SAME THING?

JOHN 1:13

_____

5. WILL JESUS EVER REJECT A PERSON WHO BELIEVES IN HIM?

JOHN 6:37-40

_____

6. ONCE YOU'VE BEEN BORN AGAIN, CAN YOU EVER DIE SPIRITUALLY?

JOHN 11:25-26

_____

HE WILL BEAR THE FRUIT

FIND THE WORDS UNDERLINED BELOW IN THE WORD SEARCH ON THE NEXT PAGE.

"'I AM THE <u>VINE</u>: YOU ARE THE <u>BRANCHES</u>. IF A <u>MAN</u> <u>REMAINS</u> IN ME AND I IN HIM, HE WILL <u>BEAR</u> MUCH <u>FRUIT</u>; <u>APART</u> FROM ME YOU CAN DO <u>NOTHING</u>.'"

JOHN 15:5

```
V M Q C E V T N W I K L
F I G O Y B E A R U B N
T H N O N T L D W N L O
O D B E S E K T R O H L
P E K E O F R U I T O G
H P T O R E L X S H U O
F Z L H V M R F T I L D
G R E M A I N S S N D R
S E L T I B E D H G T D
P L P F A H D L I P S A
T W R V C T E M S T K M
R M A N B P K S E K T B
W A A B A C A P A R T I
H R N C E Q H K T V N T
B A C R S I T I N H I L
```

KEEP MY EYES ON JESUS

USING THE LINES ON THE NEXT PAGE, UNSCRAMBLE THE UNDERLINED WORDS BELOW. THEN FIND THEM IN THE WORD SEARCH PUZZLE.

"LET US FIX OUR <u>SEEY</u> ON JESUS, THE <u>RUOAHT</u> AND <u>EPRETFRCE</u> OF OUR <u>TFHAI</u>, WHO FOR THE JOY SET BEFORE HIM <u>REDNEDU</u> THE CROSS, SCORNING ITS SHAME, AND SAT DOWN AT THE RIGHT HAND OF THE <u>NTEHOR</u> OF GOD."

HEBREWS 12:2

78

_____   _____

_____   _____

_____   _____

```
S O B P Q F E R E A C I
E Y E S G A O J A F Q J
R S T A N I H D B J S D
V P K A B T H R O N E A
A B Y L T H T D E M D U
P E R F E C T E R B L T
T W E R J U V O S N B H
F P J O J G B R V S F O
J E N D U R E D C J E R
T M E C C P L B T P V E
```

GOD IS MY FRIEND

USING THE LINES ON THE NEXT PAGE, UNSCRAMBLE THE UNDERLINED WORDS BELOW. THEN FIND THEM IN THE WORD SEARCH PUZZLE.

"ALL THIS IS FROM GOD, WHO <u>ERDELCOINC</u> US TO HIMSELF THROUGH CHRIST AND GAVE US THE <u>RMYITNSI</u> OF RECONCILIATION: THAT GOD WAS RECONCILING THE <u>LWDOR</u> TO HIMSELF IN CHRIST, NOT <u>NCGONUIT</u> MEN'S SINS AGAINST THEM. AND HE HAS <u>ECDOTMTMI</u> TO US THE <u>GMEEASS</u> OF RECONCILIATION."

2 CORINTHIANS 5:18–19

_____   _____

_____   _____

_____   _____

```
G T B P Q P E R E A C W
E M I N I S T R Y F Q O
R S T A N I H D B J S R
V P K A B M X Y B B T L
M E S S A G E D E M D D
N R J I S E A D E B L G
T C O U N T I N G N B O
F R E C O N C I L E D S
J Q D H T O B U C J E P
T M E C O M M I T T E D
```

GOD LOVES ME

FIND THE WORDS UNDERLINED BELOW IN THE WORD SEARCH ON THE NEXT PAGE.

"THIS IS HOW GOD <u>SHOWED</u> HIS <u>LOVE</u> AMONG US: HE <u>SENT</u> HIS ONE AND ONLY <u>SON</u> INTO THE <u>WORLD</u> THAT WE <u>MIGHT</u> LIVE THROUGH <u>HIM</u>. THIS IS LOVE: NOT THAT WE LOVED GOD, BUT THAT HE <u>LOVED</u> US AND SENT HIS SON AS AN <u>ATONING</u> SACRIFICE FOR OUR <u>SINS</u>."

1 JOHN 4:9–10

```
S M Q C E V T N W I K H
F O G O Y C D T T U I N
T H N O N T L D W M L O
O D S M S E K T R E H L
P E S E O L B G E W O O
H P E O R E L X S K U V
F Z N H L O V E D R L E
G A T I B K V S S R D R
S E L T I B I D H I T S
M I G H T N D L I P S H
T W R V D T E M S T K O
R Y I L B S I N S K T W
W A R B A C H E R D Y E
H O N C E Q H K T V N D
W A T O N I N G N H I L
```

I AM RESTORED TO GOD

FIND THE WORDS UNDERLINED BELOW IN THE WORD SEARCH ON THE NEXT PAGE.

"FOR GOD WAS <u>PLEASED</u> TO HAVE ALL HIS <u>FULLNESS</u> <u>DWELL</u> IN HIM, AND THROUGH HIM TO RECONCILE TO HIMSELF ALL <u>THINGS</u>, WHETHER THINGS ON <u>EARTH</u> OR THINGS IN <u>HEAVEN</u>, BY MAKING <u>PEACE</u> THROUGH HIS <u>BLOOD</u>, <u>SHED</u> ON THE <u>CROSS</u>."

COLOSSIANS 1:19–20

```
C M Q C E V T N W I K S
F R G H E A V E N U H N
T H O O N T L D W E L O
O D B S S E K T D E H L
P E K E S L B G E W O G
H P T O R E L X S B U O
F Z E A R T H F T L L D
G A T I B K V S S O D W
F U L L N E S S H O T E
P L P F A N D L I D S L
T W P L E A S E D T K L
R Y I C B P K S E K T B
W A A B A C H E R D Y I
H E N C E Q H K T V N T
P A C T H I N G S H I L
```

I AM A CHILD OF GOD

USING THE LINES ON THE NEXT PAGE, UNSCRAMBLE THE UNDERLINED WORDS BELOW. THEN FIND THEM IN THE WORD SEARCH PUZZLE.

"YET TO ALL WHO <u>VCDEIEER</u> HIM, TO THOSE WHO <u>LDEVIEBE</u> IN HIS NAME, HE GAVE THE <u>HRITG</u> TO BECOME <u>NLIRCEHD</u> OF GOD—CHILDREN <u>ONBR</u> NOT OF NATURAL DESCENT, NOR OF HUMAN DECISION OR A HUSBAND'S <u>LWLI</u>, BUT BORN OF GOD."

JOHN 1:12–13

86

_____   _____

_____   _____

_____   _____

```
S O B P Q P W I L L C I
E G C E G R O J A F Q J
R S C C H I L D R E N D
R P K A B M E Y B B T E
I B Y L T V T D E O D E
G R J I I E A D E R L G
H W E E J U V O S N B O
T P C O J G B R V S F S
J E D H B E L I E V E D
R M E C C P L B T P V E
```

I AM SAVED

FIND THE WORDS UNDERLINED BELOW IN THE WORD SEARCH ON THE NEXT PAGE.

"FOR IF, WHEN WE WERE <u>GOD'S ENEMIES</u>, WE WERE RECONCILED TO HIM <u>THROUGH</u> THE <u>DEATH</u> OF HIS SON, HOW MUCH MORE, HAVING BEEN <u>RECONCILED</u>, SHALL WE BE <u>SAVED</u> THROUGH HIS <u>LIFE</u>!"

ROMANS 5:10

```
G M Q C E V T N W I K L
O R G O Y C L I F E B N
D H I O N T L D W I L O
S D B M S E K T R E H L
P E T H R O U G H W O G
H P T O R E L X S D U O
S Z L H V M R F E R L D
A A T I B K V L S R D R
V E L T I B I D H D T D
E L P F A C D L I E S A
D W R V N T E M S A K M
R Y I O B P K S E T T B
W A C B A C H E R H Y I
H E N E M I E S T V N T
R A C R S I T I N H I L
```

I HAVE PEACE WITH GOD

FIND THE WORDS UNDERLINED BELOW IN THE WORD SEARCH ON THE NEXT PAGE.

"THEREFORE, SINCE WE HAVE BEEN <u>JUSTIFIED</u> THROUGH FAITH, WE HAVE <u>PEACE</u> WITH GOD THROUGH OUR LORD JESUS CHRIST, THROUGH WHOM WE HAVE <u>GAINED</u> <u>ACCESS</u> BY <u>FAITH</u> INTO THIS <u>GRACE</u> IN WHICH WE NOW <u>STAND</u>. AND WE <u>REJOICE</u> IN THE HOPE OF THE <u>GLORY</u> OF GOD."

ROMANS 5:1-2

```
G F A I T H T N W I K L
F R G O Y C D G L O R Y
T H I O N T L D W I L O
A C C E S S K T R E H L
P E K E O L B G E W O G
H P T O R E L R S K U R
J U S T I F I E D R L A
G A T I B K V J S R D C
S E L T I B I O H I T E
G A I N E D D I I S S A
T W R V B T E C S T K M
R Y I B B P K E E A T B
W A D B A C H E R N Y I
P E A C E Q H K T D N T
D A C R S I T I N H I L
```

WORD LIST

FIND THE WORDS LISTED BELOW IN THE WORD SEARCH ON THE NEXT PAGE.

SOBER

PRIDE

YOURSELF

PARENTS

MEASURE

PRAISE

OPINION

HIGHLY

UNHOLY

CREATED

FULL

COMMEND

P	Y	E	C	D	A	U	O	L	M	M	Y
T	R	L	Z	R	P	N	C	P	S	D	C
K	M	A	R	J	E	H	Q	A	E	S	R
A	H	S	I	P	D	O	U	R	U	B	E
D	A	R	G	S	I	L	R	E	W	S	A
S	O	B	E	R	E	Y	I	N	S	T	T
E	T	M	J	V	B	M	U	T	H	P	E
M	E	A	S	U	R	E	B	S	G	R	D
T	J	Z	G	G	E	N	U	M	U	I	W
F	U	A	G	N	O	N	M	E	L	D	B
U	D	M	M	I	I	W	E	X	B	E	L
L	G	A	N	Y	O	U	R	S	E	L	F
L	E	I	P	P	I	C	M	S	I	O	D
O	P	W	C	O	M	M	E	N	D	S	X
O	N	Y	I	H	I	G	H	L	Y	R	G

WORD LIST

FIND THE WORDS LISTED BELOW IN THE WORD SEARCH ON THE NEXT PAGE.

BLEMISH

HOLY

FIRM

REMEMBER

KINGS

THANKS

SACRIFICE

CALLED

TEST

CONDEMNATION

PLEASING

```
C Y P L E A S I N G M Y
B L E M I S H C D S D M
K M J R J E A Q D E S P
K H S E P D R U T U B D
I A R G R E M E M B E R
N I N J S A T I T S T F
G T M C A L L E D H N I
S A C R I F I C E G Q R
T J Z G G E H U M U U M
E H A G N B N M E L S W
C O N D E M N A T I O N
O L A C S R V C A X W N
N Y L P P I C T E S T R
O S W R V B N D X U S D
M N Y T H A N K S V R X
```

95

WORD LIST

FIND THE WORDS LISTED BELOW IN THE WORD SEARCH ON THE NEXT PAGE.

BODIES   TRUST   ACT

PAST

WORSHIP

RENEWING   PATTERN

JUDGES

TRANSFORMED

FUTURE

PRESENT

```
A Y E C D A M O L M M T
C F L Z R P B C D S D R
T M J P R E S E N T S U
A H S J U D G E S U B S
D A R G V I B R N W S T
M I N J S A W I T S T E
T R A N S F O R M E D R
U E N O O S R R M E D S
T N Z P G E S U M U U B
E E A A N B H M E L S O
R W M S E I I E X B E D
O I A T S R P C A X W I
N N L P P I C M S I O E
O G W R P A T T E R N S
M N Y F U T U R E V R G
```

ASK YOURSELF

WHAT HAVE YOU LEARNED SO FAR? FIND OUT
BY ANSWERING THE QUESTIONS BELOW.

1. ONCE YOU HAVE BEEN BORN AGAIN,
   WHO LIVES THROUGH YOU?

   GALATIANS 2:20

   _____

2. HOW DO YOU BEAR FRUIT?

   JOHN 15:5

   _____

3. HOW DO YOU REMAIN IN JESUS?

   HEBREWS 12:2

   _____

4. HOW DID GOD SHOW HIS LOVE FOR US?

1 JOHN 4:9–10

_____

5. WHO IS THE HOLY SPIRIT?

ACTS 5:1–4

_____

6. WHERE DID JESUS SAY THE HOLY SPIRIT WOULD LIVE?

JOHN 14:16–17

_____

I AM MADE HOLY

FIND THE WORDS UNDERLINED BELOW IN THE WORD SEARCH ON THE NEXT PAGE.

"BUT NOW HE HAS RECONCILED YOU BY CHRIST'S <u>PHYSICAL</u> BODY THROUGH DEATH TO PRESENT YOU <u>HOLY</u> IN HIS <u>SIGHT</u>, WITHOUT <u>BLEMISH</u> AND <u>FREE</u> FROM ACCUSATION—IF YOU CONTINUE IN YOUR FAITH, ESTABLISHED AND <u>FIRM</u>, NOT MOVED FROM THE HOPE HELD OUT IN THE <u>GOSPEL</u>. THIS IS THE GOSPEL THAT YOU <u>HEARD</u> AND THAT HAS BEEN PROCLAIMED TO EVERY <u>CREATURE</u> UNDER <u>HEAVEN</u>."

COLOSSIANS 1:22–23

```
G M Q C E V T N W I K L
B R G O Y C D S I G H T
L H I O N T L D W I L O
E D B M S C K T R E H L
M E K F I R M G E W O G
I P T R R E L X S H U P
S Z L E V A R F T O L H
H A T E B T V S S L D Y
S E L T I U I D H Y T S
P L P F A R D L I P S I
T W R V H E A V E N K C
R Y I B E P K S E K T A
W A D B A C H E R D Y L
H H N C R Q G O S P E L
D A C R D I T I N H I L
```

WORD LIST

FIND THE WORDS LISTED BELOW IN THE WORD SEARCH ON THE NEXT PAGE.

DARE

EYES

COMPARE

FLOWERS

STANDS

DESIRES

WATER

GRASS

PASS

WITHER

KINGDOM

FLESH

```
D Y F L O W E R S M M Y
A F L Z R P B C D S D C
R H W I T H E R D E S O
E H S E P D R U T U B M
D A R G V I W A T E R P
M I N J S A T I T S T A
F L E S H B M K D H N R
U R N O O S T I C G Q E
T J Z P G E H N M U U D
S U A A N B N G E L S E
T D M S E I W D X B E S
A G A S S R V O A E W I
N E L P P I C M S Y O R
D S G R A S S D L E S E
S N Y I E T J D H S R S
```

I BELIEVE

USING THE LINES ON THE NEXT PAGE, UNSCRAMBLE THE UNDERLINED WORDS BELOW. THEN FIND THEM IN THE WORD SEARCH PUZZLE.

"THEN THEY ASKED HIM, 'WHAT MUST WE DO TO DO THE <u>SOKWR</u> GOD <u>ERSERQIU</u>?' JESUS <u>EADNRSEW</u>, 'THE WORK OF GOD IS THIS: TO <u>VBEEELI</u> IN THE <u>EON</u> HE HAS <u>TSNE</u>.'"

JOHN 6:28–29

```
O O B P Q P S R E A C I
E N C E G R E J A R Q B
R S E A N I N D B E S E
V P K A B M T Y B Q T L
A N S W E R E D E U D I
N R J I S E A D E I L E
T W E K J U V O S R B V
F P R O J G B R V E F E
J O D H T O B U C S E P
W M E C C P L B T P V E
```

I AM BEING TRANSFORMED

FIND THE WORDS UNDERLINED BELOW IN THE WORD SEARCH ON THE NEXT PAGE.

"DO NOT <u>CONFORM</u> ANY <u>LONGER</u> TO THE <u>PATTERN</u> OF THIS WORLD, BUT BE <u>TRANSFORMED</u> BY THE <u>RENEWING</u> OF YOUR <u>MIND</u>. THEN YOU WILL BE ABLE TO <u>TEST</u> AND <u>APPROVE</u> WHAT GOD'S WILL IS—HIS GOOD, <u>PLEASING</u> AND <u>PERFECT</u> WILL."

ROMANS 12:2

```
T M Q C E V T N W I K M
F R G P E R F E C T I N
T H A O N T L D W N L O
O D B N S E K T D E H L
R E K E S L B G E W O O
E P A O R F L X S K U N
N Z P H V M O F T R L G
E A P I B K V R S R D E
W E R T I B M D M I T R
I L O F A R D L I E S A
N W V V O T E M S T D M
G Y E F B P K S T K T B
W A N B A C H E R E Y I
H O P L E A S I N G S T
C A P A T T E R N H I T
```

WORD LIST

FIND THE WORDS LISTED BELOW IN THE WORD SEARCH ON THE NEXT PAGE.

LORD

JESUS

CHRIST

CONFLICT

CONVICT

EVIDENCE

EXERCISE

UNBELIEF

GRATIFY

ABIDE

ATTITUDE

COMPETENT

```
C Y E C D L M O L M M A
T O L Z R O B C D S B M
K M N R J R A Q D I S P
E H U F P D R U D U B E
X A N G L I B E N W S V
E I B R S I T I T J T I
R T E A V B C U D E N D
C R L T O S T T C S Q E
I J I I G E T U M U U N
S U E F N C C M E S S C
E D F Y I I W H X B E E
O G A V S R V C R P W R
N E N P P I C M S I O D
O O A T T I T U D E S J
C C O M P E T E N T R T
```

WORD LIST

FIND THE WORDS LISTED BELOW IN THE WORD SEARCH ON THE NEXT PAGE.

RESCUE

BODY

OURSELVES

THANKS

SERVING

WRETCHED

NEW

OBJECT

ABUNDANCE

OLD

```
T Y E C B O D Y L M M R
H F L Z R P B C D S D E
A M J R J E A Q D E S S
N O U R S E L V E S B C
K A R G V O B R N W S U
S I N J S L T I T S T E
E T M J V D M U D H N R
U A B U N D A N C E Q S
T J Z G G E H U M U U E
E U A G N B N M N L S R
R O B J E C T E E B E V
O G A C S R V C W H W I
N E L P P I C M S I O N
O S W R V B N D X U S G
W R E T C H E D H V R G
```

I WILL LOVE OTHERS

USING THE LINES ON THE NEXT PAGE, UNSCRAMBLE THE UNDERLINED WORDS BELOW. THEN FIND THEM IN THE WORD SEARCH PUZZLE.

"AND THIS IS HIS <u>NCDOAMM</u>: TO BELIEVE IN THE <u>MNEA</u> OF HIS SON, JESUS <u>SCTHIR</u>, AND TO <u>VLEO</u> ONE <u>EARNHOT</u> AS HE <u>ECDODMNMA</u> US."

1 JOHN 3:23

_____   _____

_____   _____

_____   _____

```
S O N P Q P E R E A C C
E G A E G R O J A N Q O
R S M A N I H D B O S M
V P E A L O V E B T T M
A B Y L T N T D E H D A
C O M M A N D E D E L N
T W E R J U V O S R B D
F P J O J G B R V S F S
J Q C H R I S T C J E P
T M E C C P L B T P V E
```

CHRIST IS GREATER

FIND THE WORDS UNDERLINED BELOW IN THE WORD SEARCH ON THE NEXT PAGE.

"YOU, DEAR <u>CHILDREN</u>, ARE <u>FROM</u> GOD AND HAVE <u>OVERCOME</u> THEM, <u>BECAUSE</u> THE ONE <u>WHO</u> IS IN YOU IS <u>GREATER</u> THAN THE ONE WHO IS IN THE <u>WORLD</u>."

1 JOHN 4:4

```
G M Q C E V T N W C K L
B E C A U S E T T H B N
T H I O N T L D W I L O
O D B M S E K T R L H L
P E O E O L B G E D O G
H P V O R W L X S R U O
F Z E H V H R F T E L D
G A R I B O V S S N D R
S E C T I B I D H I T D
P L O F A N D L I P S A
T W M V W O R L D T F M
R Y E B B P K S E K R B
W A D B A C H E R D O I
G R E A T E R K T V M T
D A C R S I T I N H I L
```

WORD LIST

FIND THE WORDS LISTED BELOW IN THE WORD SEARCH ON THE NEXT PAGE.

BORN

ENTER

AGAIN

FLESH

SPIRIT

RECEIVE

HUSBAND

SONSHIP

HEIRS

SUFFER

JUSTIFIED

LIGHT

```
S Y E C A G A I N M M Y
T O L Z R E C E I V E H
K M N R J E A Q D E S U
A H S S P E N T E R B S
D S R B H I B R N S S B
M P N O S I T I T U T A
E I M R V B P U D F N N
U R N N O S T B C F Q D
T I S T N P Z D P E U W
E T A G N B N M E R S B
R D M M E F L E S H D L
O G A C S R V C A X W R
J U S T I F I E D I O D
O S W R V B N D X U S X
H E I R S X L I G H T G
```

GOD FIRST LOVED ME

USING THE LINES ON THE NEXT PAGE, UNSCRAMBLE THE UNDERLINED WORDS BELOW. THEN FIND THEM IN THE WORD SEARCH PUZZLE.

"THERE IS NO <u>REAF</u> IN LOVE. BUT <u>CPTEERF</u> LOVE <u>SDVREI</u> OUT FEAR, <u>SBEEUCA</u> FEAR HAS TO DO WITH <u>NPTUENMIHS</u>. THE ONE WHO FEARS IS NOT MADE PERFECT IN LOVE. WE LOVE BECAUSE HE FIRST <u>ELDOV</u> US."

1 JOHN 4:18–19

F	O	B	P	Q	P	E	R	E	A	C	B
E	G	C	E	G	R	O	P	A	F	Q	E
A	S	L	O	V	E	D	E	B	J	S	C
R	P	K	A	B	M	X	R	B	B	T	A
A	B	Y	L	T	N	T	F	E	M	D	U
P	U	N	I	S	H	M	E	N	T	L	S
T	W	E	R	J	U	V	C	S	N	B	E
F	P	J	O	J	G	B	T	V	S	F	S
J	Q	D	H	T	O	B	U	C	J	E	P
D	R	I	V	E	S	L	B	T	P	V	E

GOD'S WORK

USING THE LINES ON THE NEXT PAGE, UNSCRAMBLE THE UNDERLINED WORDS BELOW. THEN FIND THEM IN THE WORD SEARCH PUZZLE.

"AND WE <u>WOKN</u> THAT IN ALL <u>GTSHNI</u> GOD <u>KWSOR</u> FOR THE <u>DOGO</u> OF THOSE WHO LOVE HIM, WHO HAVE BEEN <u>ECDALL</u> ACCORDING TO HIS <u>SPEUORP</u>."

ROMANS 8:28

S	O	B	T	H	I	N	G	S	A	C	I
E	G	C	E	G	R	O	J	A	F	Q	J
K	S	T	A	N	I	H	D	B	J	S	D
N	P	K	A	B	M	E	Y	B	B	T	G
O	B	Y	L	T	S	T	D	W	M	D	O
W	R	J	I	O	E	A	D	O	B	L	O
T	W	E	P	J	U	V	O	R	N	B	D
F	P	R	O	J	G	B	R	K	S	F	S
J	U	D	H	T	O	B	U	S	J	E	P
P	M	E	C	C	A	L	L	E	D	V	E

WORD LIST

FIND THE WORDS LISTED BELOW IN THE WORD SEARCH ON THE NEXT PAGE.

LOVE

LAVISHED

CALLED

CHILDREN

FRIENDS

APPEARS

PURE

AGAPE

ARREST

FRIENDSHIP

STANDING

```
C Y E L A V I S H E D C
T F L R R P B C D S D A
K F R I E N D S D E S L
A R R I P D R A T U B L
D I L O V E B P N W S E
M E M J S A T P T S T D
E N N J V A M E D H A R
U D Z O O G T A C G N S
T S A G G A H R M U D W
E H M G N P N S T L I B
R I P U R E W C Z B N L
O P L C S R V E A X G R
N E W P A R R E S T O D
O S I R V B N N X U S X
C H I L D R E N H V R G
```

WORD LIST

FIND THE WORDS LISTED BELOW IN THE WORD SEARCH ON THE NEXT PAGE.

GONG

CLANGING

CYMBAL

FATHOM

PROPHECY

MOVE

RESOUNDING

TONGUES

MYSTERIES

POOR

MOUNTAINS

```
C Y E C L A N G I N G M
T Y L Z R P A C D S D O
K M M R J F A T H O M U
A H S B P D B U T U B N
D A R G A I T R N W S T
M I N J S L R U D H T A
E M Y S T E R I E S P I
U R N O O B T B C G O N
T P R O P H E C Y U O S
E U A G N R D I M G R B
R E S O U N D I N G E L
O G A G S I V C M O W R
N E N P P B C M S O V D
O O N R V N N D X U V E
G N T O N G U E S V M E
```

WORD LIST

FIND THE WORDS LISTED BELOW IN THE
WORD SEARCH ON THE NEXT PAGE.

POSSESS

KIND   ENVY

RUDE

PROUD

WRONGS

DELIGHT

ANGERED

REJOICES

TRUSTS

PROTECTS

EVIL

E	Y	E	C	E	V	I	L	L	M	M	P
T	N	L	Z	R	T	B	C	D	S	R	R
P	M	V	R	J	R	A	Q	D	O	S	O
O	H	S	Y	P	U	R	U	U	U	B	T
S	A	R	G	V	S	B	D	N	W	S	E
S	I	N	J	S	T	T	I	T	S	T	C
E	T	M	J	V	S	M	U	D	H	N	T
S	R	D	E	L	I	G	H	T	G	Q	S
S	J	Z	G	G	E	H	U	M	U	U	W
E	U	R	E	J	O	I	C	E	S	S	B
R	D	M	M	E	I	W	E	K	B	E	L
O	G	A	D	S	R	V	C	R	D	W	R
N	E	N	P	P	I	C	M	S	U	O	D
O	I	W	W	R	O	N	G	S	U	D	X
K	N	A	N	G	E	R	E	D	V	R	E

127

ASK YOURSELF

WHAT HAVE YOU LEARNED SO FAR? FIND OUT
BY ANSWERING THE QUESTIONS BELOW.

1. WHAT DOES THE HOLY SPIRIT DO?

JOHN 16:13

_____

2. WHO IS THE TRUTH?

JOHN 14:6

_____

3. WHAT DOES JESUS SAY IS TRUTH?

JOHN 17:17

_____

4. WHO IS THE SOURCE OF LIFE?

JOHN 6:63

_____

5. WHAT DOES THE THE FLESH COUNT FOR?

JOHN 6:63

_____

6. CAN THE FLESH PRODUCE THE FRUIT OF GOD?

JOHN 3:6

_____

I BELIEVE BY FAITH

FIND THE WORDS UNDERLINED BELOW IN THE WORD SEARCH ON THE NEXT PAGE.

"NOW <u>FAITH</u> IS BEING <u>SURE</u> OF WHAT WE <u>HOPE</u> FOR AND <u>CERTAIN</u> OF WHAT WE DO NOT <u>SEE</u>. THIS IS WHAT THE <u>ANCIENTS</u> WERE <u>COMMENDED</u> FOR. BY FAITH WE <u>UNDERSTAND</u> THAT THE <u>UNIVERSE</u> WAS <u>FORMED</u> AT GOD'S COMMAND, SO THAT WHAT IS SEEN WAS NOT MADE OUT OF WHAT WAS <u>VISIBLE</u>."

HEBREWS 11:1–3

```
U M Q C E C T N V I K L
N R G O Y E D T I U B S
D H C O N R L D S I L U
E D O M S T K T I E H R
R E M E O A B G B W O E
S P M O R I L X L K U O
T Z E H F N R F E R L U
A A N I O K V S S R D N
N E D T R F A I T H T I
D L E F M N D L I P S V
T W D V E T H O P E K E
R Y I B D P K S E K T R
W A D B A C H E R D Y S
A N C I E N T S T V N E
D A C R S I S E E H I L
```

WORD LIST

FIND THE WORDS LISTED BELOW IN THE WORD SEARCH ON THE NEXT PAGE.

CHILD

CHURCH

REDEEM

CHRISTIAN

NAME

WORTHY

RESCUE

PEOPLE

DARKNESS

DOMINION

REDEMPTION

```
R Y E C D A M O L M M C
T E L C H U R C H S H M
K M D R J E A Q D I S R
D H S E P D R U L U B E
O A R G E I B D N W S S
M I N J S M T I N N T C
I T M J V B M O O H N U
N W O R T H Y I C G Q E
I J Z G G T T U N A M E
O U A G P P N M E L S B
N D M M M I P E O P L E
O G A E S R V C A B W R
N E D P D A R K N E S S
O E W R V B N D X U S A
R N C H R I S T I A N G
```

MY FAITH PLEASES GOD

USING THE LINES ON THE NEXT PAGE, UNSCRAMBLE THE UNDERLINED WORDS BELOW. THEN FIND THEM IN THE WORD SEARCH PUZZLE.

"AND WITHOUT FAITH IT IS IMPOSSIBLE TO <u>SPELEA</u> GOD, BECAUSE <u>NAENOY</u> WHO <u>ECSOM</u> TO HIM MUST BELIEVE THAT HE <u>TESXSI</u> AND THAT HE <u>DRSERWA</u> THOSE WHO EARNESTLY <u>KESE</u> HIM."

HEBREWS 11:6

P	O	B	P	Q	P	E	R	E	A	C	E
L	G	S	E	E	K	O	J	A	F	Q	X
E	S	T	A	N	I	H	D	B	J	S	I
A	P	K	R	E	W	A	R	D	S	T	S
S	B	Y	L	T	N	T	D	E	M	D	T
E	R	J	I	S	E	A	D	E	B	L	S
T	W	E	R	J	C	O	M	E	S	B	O
F	P	J	O	J	G	B	R	V	S	F	S
J	A	N	Y	O	N	E	U	C	J	E	P
T	M	E	C	C	P	L	B	T	P	V	E

MY FAITH IS A GIFT

FIND THE WORDS UNDERLINED BELOW IN THE WORD SEARCH ON THE NEXT PAGE.

"FOR IT IS BY <u>GRACE</u> YOU HAVE BEEN <u>SAVED</u>, <u>THROUGH</u> FAITH—AND THIS <u>NOT</u> FROM <u>YOURSELVES</u>, IT IS THE <u>GIFT</u> OF GOD—NOT BY <u>WORKS</u>, SO THAT <u>NO</u> ONE CAN <u>BOAST</u>."

EPHESIANS 2:8–9

```
G M Q C E V T N W I K L
F R G O Y C D T Y U B N
T H A O N T L D O I L O
O D B C S E K T U E H L
P E K E E L B G R W O G
H P T O R E L W S K U O
F S A V E D R F E R L D
G A T I B K V S L R D R
S E B O A S T D V I T D
P L P F A N D L E P S A
G I F T B T E M S T K M
R Y I B B P K S E K T B
W T H R O U G H R D Y I
H H N C E Q H K T V N T
D A C R S I W O R K S L
```

I WILL TRUST GOD

FIND THE WORDS UNDERLINED BELOW IN THE WORD SEARCH ON THE NEXT PAGE.

"'DO <u>NOT</u> LET YOUR <u>HEARTS</u> BE <u>TROUBLED</u>. <u>TRUST</u> IN GOD; TRUST ALSO IN ME. IN MY <u>FATHER'S</u> <u>HOUSE</u> ARE MANY <u>ROOMS</u>; IF IT WERE NOT SO, I WOULD HAVE TOLD YOU. I AM <u>GOING</u> THERE TO <u>PREPARE</u> A <u>PLACE</u> FOR YOU.'"

JOHN 14:1–2

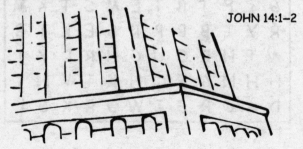

```
H M Q C E V T N W I K N
F O G O G O I N G U O N
T H U O N T L D W T L O
O D B S S E K T R E H L
P E K E E L R O O M S G
F A T H E R S X S K U O
H P R O R E L F T R L D
G A O I B K V P L A C E
S E U T I B I T R U S T
P L B F A N T R U S T A
T W L V B T E M S T K M
R H E A R T S S E K T B
W A D B A C H E R D Y I
H H N C E Q H K T V N T
D A C R P R E P A R E L
```

MY HOPE IS IN GOD

USING THE LINES ON THE NEXT PAGE, UNSCRAMBLE THE UNDERLINED WORDS BELOW. THEN FIND THEM IN THE WORD SEARCH PUZZLE.

"NOW FAITH IS <u>NGBIE</u> SURE OF <u>AWTH</u> WE HOPE FOR AND <u>ICNEART</u> OF WHAT WE DO NOT <u>ESE</u>. THIS IS WHAT THE <u>TASNNCEI</u> WERE <u>ECDODMNME</u> FOR."

HEBREWS 11:1-2

140

```
S O B P Q P E R E A C A
E G C E R T A I N F Q N
R S T A N B H D B J S C
V P K A B E X Y B B T I
W H A T T I T D E M D E
N R J I S N A D E B L N
T W E R J G V O S N B T
C O M M E N D E D S F S
J Q D H T O B U C J E P
T M E C C P L B S E E E
```

WORD LIST

FIND THE WORDS LISTED BELOW IN THE
WORD SEARCH ON THE NEXT PAGE.

ACTS

BROTHERS

FREEDOM

SACRIFICE

LAWLESS

CHOSEN

JUST

HUMILITY

HUMBLE

```
C Y E C D A M O L M M H
T F B R O T H E R S D U
K M J R J E A Q D E S M
A C T S P D R U T U B I
D A R G V I B R N W S L
S A C R I F I C E S T I
H T M J V B M U D H N T
U C N O O S T B C G Q Y
M H Z G G E H U M U U W
B O A G F R E E D O M B
L S M M E I W E X B E L
E E A C S R V C A J W R
N N L P P I C M S U O D
L A W L E S S D X S S X
M N Y I E N J D H T R G
```

I HOLD FIRM TO MY FAITH

USING THE LINES ON THE NEXT PAGE, UNSCRAMBLE THE UNDERLINED WORDS BELOW. THEN FIND THEM IN THE WORD SEARCH PUZZLE.

"THEREFORE, SINCE WE <u>VHEA</u> A GREAT HIGH <u>SPTREI</u> WHO HAS GONE <u>HTUGRHO</u> THE <u>NHSEEAV</u>, JESUS THE SON OF GOD, LET US HOLD <u>LFYIMR</u> TO THE FAITH WE <u>SPSREOF</u>."

HEBREWS 4:14

_____   _____

_____   _____

_____   _____

```
S O B P Q P E R E A C P
E T H R O U G H A F Q R
R S T A N I H D B J S I
P R O F E S S Y B B T E
A B Y L T N T F E M D S
N R J I E E A I E B L T
T W E V J U V R S N B O
F P A O J G B M V S F S
J E D H T O B L C J E P
H M H A V E L Y T P V E
```

WORD LIST

FIND THE WORDS LISTED BELOW IN THE
WORD SEARCH ON THE NEXT PAGE.

CHILD

CHILDISH

FACE

MIRROR

REFLECTION

GUIDE

DESIRES

WILLING

STRENGTH

AGE

HAND

GLORY

```
C Y E C D A H A N D M Y
T R L H R P B C H I L D
K E J I J E A Q D E S P
A F S L P D R W T U B D
D L R D V A B I N W S B
M E N I S G T L T S T S
E C M S V E M L D H N T
U T N H O S T I C M Q R
G I Z G D E H N M I U E
L O A G E B N G E R S N
O N M M S I W E X R E G
R G A C I R V C A O W T
Y E L P R I C M S R O H
O F A C E B N D X U S P
M N Y I S J G U I D E G
```

WORD LIST

FIND THE WORDS LISTED BELOW IN THE WORD SEARCH ON THE NEXT PAGE.

CHURCH

TEMPLE

STONE

BUILDING

MIRACLES

DEITY

SAINT

RADIANCE

SAVIOR

BLASPHEMY

BEHOLD

EVIDENCE

```
S T O N E A M O L S M Y
T A L Z R P B B D A D M
D E I T Y E A E D V S P
A H S N P D R H T I B D
D A R G T I B O N O S B
M I N J S A M L T R T E
E T M J V B I D D H N R
U T N C H U R C H G Q R
T E Z G G E A U M U U A
E M A G N B C M E L S D
R P M M E I L E J B E I
B L A S P H E M Y Z W A
N E L P P I S M S I O N
B U I L D I N G K U S C
M N Y I E V I D E N C E
```

I AM FREE

FIND THE WORDS UNDERLINED BELOW IN THE WORD SEARCH ON THE NEXT PAGE.

"KNOW THAT A <u>MAN</u> IS NOT <u>JUSTIFIED</u> BY <u>OBSERVING</u> THE LAW, BUT BY FAITH IN <u>JESUS</u> CHRIST. SO WE, TOO, HAVE <u>PUT</u> OUR FAITH IN CHRIST JESUS THAT WE <u>MAY</u> BE JUSTIFIED BY <u>FAITH</u> IN <u>CHRIST</u> AND NOT BY OBSERVING THE LAW, BECAUSE BY OBSERVING THE <u>LAW</u> NO ONE <u>WILL</u> BE JUSTIFIED."

GALATIANS 2:16

```
J M Q C E V T N W I K M
F E G O M A Y T T U A N
T H S O N T L D W N L O
F D B U S E W I L L H L
A E K E S L B G E W O G
I P T O R E L T S K U L
T Z L H C H R I S T L A
H A T I B K V S S R D W
S E L T I B I D H I T D
P J U S T I F I E D S A
T W R V B T E M S T K M
R Y I B B P K S E K T B
W A O B S E R V I N G I
H H N C E Q H K T V N T
P U T R S I T I N H I L
```

I WILL HAVE TRIALS

FIND THE WORDS UNDERLINED BELOW IN THE WORD SEARCH ON THE NEXT PAGE.

"<u>CONSIDER</u> IT <u>PURE</u> <u>JOY</u>, MY <u>BROTHERS</u>, WHENEVER YOU <u>FACE</u> <u>TRIALS</u> OF MANY <u>KINDS</u>, BECAUSE YOU KNOW THAT THE <u>TESTING</u> OF YOUR <u>FAITH</u> <u>DEVELOPS</u> <u>PERSEVERANCE</u>."

JAMES 1:2–3

```
P M Q C E V K I N D S L
F U G O Y T D T T U B N
T H R O N R L D W I L O
O D B E S I K T F A C E
P E K E O A B G E W C G
H P T O R L L X S N U O
F Z L H V S R F A R L D
C O N S I D E R S R D R
S E L T I B E F A I T H
P L P F A V D L I P S A
T D E V E L O P S T K M
R Y I S B R O T H E R S
W A R B A C H E R J Y I
H E N C E Q H K T V O T
P A C T E S T I N G I Y
```

WORD LIST

FIND THE WORDS LISTED BELOW IN THE WORD SEARCH ON THE NEXT PAGE.

BOAST

SAVED

GOD

RELATIONSHIP

DEAD

PERSONAL

LIFE

ETERNAL

RECONCILE

PRAYER

```
G Y E C D A M O L R M Y
T O L P R A Y E R E D M
K M D R J E A Q D L S P
A H S B O A S T T A B D
D A R G V I B R N T S B
R E C O N C I L E I T E
E T M J V B M U D O N R
U R N O O S T L C N Q E
D E A D G E A U M S U T
E U A G N N N M E H S E
R D M M O I S G X I M R
O G A S S R A C A P W N
N E R P P I V M S I O A
O E W R V B E D X U S L
P N Y I E X D D L I F E
```

I WILL SET AN EXAMPLE

USING THE LINES ON THE NEXT PAGE, UNSCRAMBLE THE UNDERLINED WORDS BELOW. THEN FIND THEM IN THE WORD SEARCH PUZZLE.

"DON'T LET ANYONE LOOK <u>WDNO</u> ON YOU BECAUSE YOU ARE <u>NYGOU</u>, BUT SET AN <u>LEEXPAM</u> FOR THE <u>RBSEELVEI</u> IN <u>CSHEPE</u>, IN LIFE, IN LOVE, IN FAITH AND IN <u>TPYUIR</u>."

1 TIMOTHY 4:12

```
S O B B Q P E M U T P V
E G C E G P U R I T Y I
Y S T L N I H R E T Y J
O P K I B M X S I J S D
U B Y E T N T P B B T E
N R J V S E A E B M D E
G W E E J U V E E B O G
F P J R J G B C E N W O
J Q D S T O B H S S N S
T M E E X A M P L E E P
```

I WILL BE STRENGTHENED

FIND THE WORDS UNDERLINED BELOW IN THE WORD SEARCH ON THE NEXT PAGE.

"I <u>PRAY</u> THAT OUT OF HIS <u>GLORIOUS</u> <u>RICHES</u> HE MAY <u>STRENGTHEN</u> YOU WITH <u>POWER</u> THROUGH HIS <u>SPIRIT</u> IN YOUR <u>INNER</u> BEING, SO THAT CHRIST MAY DWELL IN YOUR <u>HEARTS</u> THROUGH FAITH. AND I PRAY THAT YOU, BEING <u>ROOTED</u> AND <u>ESTABLISHED</u> IN LOVE, MAY HAVE POWER, TOGETHER WITH ALL THE <u>SAINTS</u>, TO GRASP HOW WIDE AND LONG AND HIGH IS THE LOVE OF <u>CHRIST</u>. . ."

EPHESIANS 3:16–18

```
P M Q C E V T N W I K L
F R G O Y C H E A R T S
S H A O N T C H R I S T
P D B Y S E K T R E H L
I E S T A B L I S H E D
R P T O R E S X R K U P
I Z L H V M A F O R L O
T A T I B K I S O R D W
R I C H E S N D T I T E
P L P F A N T L E P S R
T W R V B T S M D T K M
R S T R E N G T H E N B
W A D B A C H E R D Y I
G L O R I O U S T V N T
D A I N N E R I N H I L
```

WORD LIST

FIND THE WORDS LISTED BELOW IN THE WORD SEARCH ON THE NEXT PAGE.

STUDY

SIGN

PROPHET

PROCLAIM

CLAIMS

SCRIPTURE

GENTILE

JEWS

ORIGIN

PASSAGES

TEACHING

```
S Y E C D A S O L G M P
T T L Z R P I C D E D R
K M U R J E G Q D N S O
A H S D P D N U T T B C
D A R G Y I B R N I S L
T E A C H I N G T L T A
E T M J V B M U D E N I
S C R I P T U R E G Q M
T J Z G G E H U M U U W
E U A G N B N M E J S B
P R O P H E T E X E E L
O G A C S R V C A W W R
C L A I M S C M S S O D
O S W P A S S A G E S X
M O R I G I N D H V R G
```

WORD LIST

FIND THE WORDS LISTED BELOW IN THE
WORD SEARCH ON THE NEXT PAGE.

ROOTED

LOCKED

EXIST

BUILT

PRISONERS

RANSOM

TAUGHT

SUPERVISION

CRUCIFIED

BLESSING

CURSE

REDEEM

```
E X I S T S T A U G H T
T F L Z R U B C D B D M
R M B R J P A L D L S P
A H U E P E R O T E B D
N A I G V R B C N S S B
S I L J S V T K T S T E
O T T J V I M E D I N R
M R N O O S T D C N Q R
T J Z G G I R U N G U O
C U R S E O N E E L S O
R D M M E N W E D B E T
O G A C S R V C A E W E
C R U C I F I E D I E D
O S W R V B N D X U S M
P R I S O N E R S V R G
```

WORD LIST

FIND THE WORDS LISTED BELOW IN THE
WORD SEARCH ON THE NEXT PAGE.

DEFECT

BLOOD

FULL

PAYMENT

FREE

BORN

ABBA

WISDOM

AROUSED

BOUND

STUMBLES

CODE

```
C Y B L O O D O L M M A
T F L Z R P B C D S B M
K P A Y M E N T D B S P
A H S E P D R U A U B A
B A R G F I B R N W S R
O I N J U A O I T S O R
U T M J L B R U D H N U
N R N O L S N B D G Q S
D J S T U M B L E S U E
E F A G N B N M F L S D
R R M M E I W E E B E L
O E A C O D E C C D W R
N E L P P I C M T I O D
O S W R V B N D L U S X
W I S D O M J D H V R G
```

ASK YOURSELF

WHAT HAVE YOU LEARNED SO FAR? FIND OUT BY ANSWERING THE QUESTIONS BELOW.

1. WHAT WORK CAN A CHRISTIAN DO TO PLEASE GOD?

   JOHN 6:28–29

   _____

2. WHAT MUST A CHRISTIAN HAVE TO PLEASE GOD?

   HEBREWS 11:6

   _____

3. WHERE DOES MY FAITH COME FROM?

   EPHESIANS 2:8–9

   _____

4. WHAT DID JESUS SAY A CHRISTIAN WOULD HAVE IN THE WORLD?

JOHN 16:33

_____

5. IN WHAT DOES GOD WANT YOU TO PLACE YOUR FAITH?

1 JOHN 4:16

_____

6. WHAT DOES THE TESTING OF OUR FAITH DEVELOP?

JAMES 1:2–4

_____

FAITH IS . . .

FAITH IS BELIEVING SOMETHING TO BE TRUE. YET FAITH DOES NOT STOP THERE. THE BIBLE SAYS IN JAMES 2:17 THAT FAITH WITHOUT ACTION IS DEAD. SO OUR FAITH MUST HAVE AN *ACTION* BEHIND IT. IN EPHESIANS 2:8-9 THE BIBLE SAYS THAT YOUR FAITH IS NOT FROM YOUR-SELF, IT IS A GIFT FROM GOD.

FAITH HAS AN OBJECT. IF YOU WERE GOING TO SIT ON A CHAIR, BY FAITH YOU BELIEVE AND TRUST THAT THE CHAIR WILL HOLD YOU UP WHEN YOU SIT DOWN. THE *ACTION* BEHIND YOUR FAITH IS YOUR CHOOSING TO SIT DOWN ON THE CHAIR.

AS CHRISTIANS, THE OBJECT OF OUR FAITH IS JESUS CHRIST. WE MAKE A CHOICE TO TRUST AND BELIEVE THAT WHAT THE BIBLE SAYS ABOUT HIM IS TRUE. BY FAITH WE TAKE ANOTHER STEP—WE PUT OUR TRUST IN JESUS.

WHAT DO WE TRUST IN? WE TRUST THAT JESUS IS THE SON OF GOD, THAT HE DIED ON THE CROSS FOR ALL OUR SINS, AND THE PRICE FOR OUR SINS HAS BEEN PAID IN FULL.

BUT THIS IS ONLY HALF OF THE TRUTH, AS JESUS DID NOT STOP THERE. JESUS NOT ONLY DIED, BUT HE ROSE AGAIN FROM THE DEAD SO THAT HE COULD GIVE US SPIRITUAL LIFE. *HIS LIFE.* WE ARE BORN AGAIN AND HAVE HIS LIFE LIVING IN US AND THROUGH US.

THE MOMENT WE INVITED JESUS INTO OUR LIVES, WE WERE BORN AGAIN SPIRITUALLY AND BECAME A NEW CREATION, A CHILD OF THE LIVING GOD.

HAVE YOU PUT YOUR *FAITH* IN JESUS CHRIST?

ANSWER PAGES

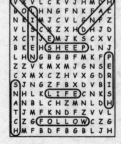

PG.7

```
G W F A T H E R P W B K
O O K P D H J Q R D L J
W T D G W J P Y H P G L
Y H F D H Y F H G Y I I
S T W R K P W G S D K Z
G L O R Y D T P F D N D
R D N H Y Q D K D Q I W
A Q E R T F F T P G N K
C O H D W E L L I N G Z
E N T G T Q E W Y K P T
P E F S P D S F G H Y J
R F D Q H H G Q H S N
D O R G H K Y W J S F S
Y O J T F S G T H J W P
W W H F G T R U T H D K
```

PG.9

```
V X V L C K V J H M D H
B O H H N G F N K E A C
N A I H J C V L G N F Z
V L J S C X Z X H D A J D
X C T J E M J K S C X V
B K E H S H E E P L N J
L H N G B G B F M K F P
Z Z V X M X M J M G R E
C X M X C Z H V X G D I
S J N G Z F B X D V B I S
N H L K L I F E C N K H
A N B L C H Z M N L D H
T J M F K N D F Z V V L
C Z G F O L L O W C Z G H
H M F B D F B G B L J Z H
```

PG.11

```
S R P S E H A L L T E U
E G E J O A F W O R D L
R P R T H N J F Z U R D
V Q A A X D B E L T R T
A M L C D C M V R H I S
B R I P A E B D P H J T
T E R R V A N J L I T S
F T G L O R Y D M L D N
J K H J R B J E S I F A
T Y C N N E F L E S H R
O V Q E R N C X K T K C
G E O J J S I O I E B H
S J N I O V S N N N S L
P D B O C C T A G U H W
B E T P D E D E E K O B
```

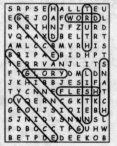

170

PG.13

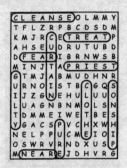

PG.15

CONTINUED   YOU

BELOW   ABOVE

WORLD   THIS

PG.17

HEAVEN   SENT

LOSE   GIVEN

RAISE   BELIEVES

PG.19

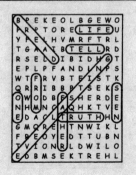

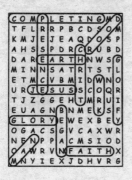

ASK YOURSELF
ANSWERS

1. THE WORD WAS IN THE BEGINNING.

2. THE WORD WAS WITH GOD.

3. JESUS WAS THE WORD.

4. JESUS WAS FROM HEAVEN.

5. HE IS THE FATHER'S SON.

6. GOD, THE SON.

JESUS	CRIED
BELIEVES	SENT
LOOKS	SEES

ANSWERED	WAY
COMES	REALLY
NOW	KNOW

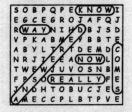

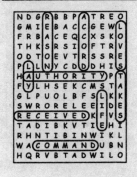

ENEMIES   RECONCILED

DEATH   MORE

SAVED   LIFE

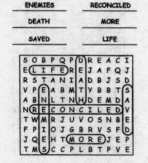

PG.45

JOHN   JESUS

LOOK   LAMB

WORLD   TESTIFY

```
S O B P Q P E R E A C I
E G C E G R O J W F Q J
R L O O K I H D O J S O
V P K A B M X Y R B T H
A B Y L T N T D L M D N
N R J I S E A D D B L G
T E S T I F Y O S N B O
F P J O J G B R V S F S
J E S U S O B L A M B P
T M E C C P L B T P V E
```

PG.47

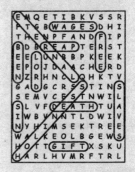

PG.49

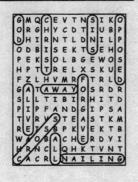

PG.51

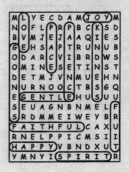

175

ASK YOURSELF
ANSWERS

1. THE LAMB OF GOD WHO TAKES AWAY THE SINS OF THE WORLD.

2. THAT MEN DO NOT BELIEVE IN JESUS.

3. ETERNAL LIFE.

4. GOD FORGAVE THEM.

5. BY THE DEATH OF JESUS.

6. YES! ALL OF THEM.

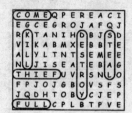

THIEF	STEAL
KILL	DESTROY
COME	FULL

```
C O M E Q P E R E A C I
E G C E G R O J A F Q J
R K T A N I H D B J S D
V I K A B M X E B B T E
A L Y L T N T S E M E E
N L J I S E A T E B A G
T H I E F U V R S N U O
F P J O J G B O V S F S
J Q D H T O B Y C J E P
F U L L C P L B T P V E
```

```
G M Q C E W H O E V E R
F R G O Y C D T T U B N
T H I O N T E L L I L O
O D W M S E K T R E H L
P E O E O L B G E W O G
C C R O S S E D S K L O
F Z D H V M R F T R I D
G A T I B K V S S R F R
S E L T I B I H H I E D
C O N D E M N E D P S A
T W R E B T E A S T K M
R Y I A B P K R E K T B
W A D T A C H S R D Y I
H H N H E Q H K T V N T
D B E L I E V E S H I L
```

DECLARED	KINGDOM
BORN	FLESH
BIRTH	SPIRIT

```
K O B P Q P E R E A C F
E I C E B I R T H F L J
R S N A N I H D B E S D
V P R G B M X Y S B T S
A B Y L D N T H E M D P
N R J I S O A D E B L I
T W E N J U M O S N B R
F B R O J G B R V S F I
J O D H T O B U C J E T
B M E D E C L A R E D E
```

PG.63

FATHER	COUNSELOR
TRUTH	LIVES
WORLD	LIVE

PG.65

THEREFORE	ANYONE
NEW	CREATION
OLD	COME

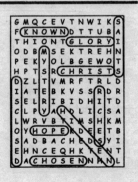

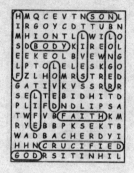

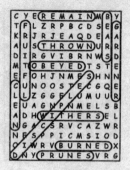

ASK YOURSELf
ANSWERS

1. YOU MUST BE BORN AGAIN.

2. SPIRITUAL BIRTH.

3. RECEIVE JESUS CHRIST AS YOUR SAVIOR.

4. NO, SPIRITUAL BIRTH IS FROM HEAVEN.

5. NO!

6. NO...IT IS IMPOSSIBLE.

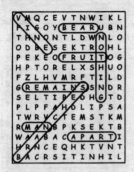

EYES	AUTHOR
PERFECTER	FAITH
ENDURED	THRONE

S	O	B	P	Q	F	E	R	E	A	C	I
E	Y	E	S	G	A	O	J	A	F	Q	J
R	S	T	A	N	I	H	D	B	J	S	D
V	P	K	A	B	T	H	R	O	N	E	A
A	B	Y	L	T	H	T	D	E	M	D	U
P	E	R	F	E	C	T	E	R	B	L	T
T	W	E	R	J	U	V	O	S	N	B	H
F	P	J	O	J	G	B	R	V	S	F	O
J	E	N	D	U	R	E	D	C	J	E	R
T	M	E	C	C	P	L	B	T	P	V	E

RECONCILED	MINISTRY
WORLD	COUNTING
COMMITTED	MESSAGE

G	T	B	P	Q	P	E	R	E	A	C	W
E	M	I	N	I	S	T	R	Y	F	Q	O
R	S	T	A	N	M	T	R	Y	J	S	R
V	P	K	A	B	K	X	Y	B	B	T	L
M	E	S	S	A	G	E	D	E	M	D	D
N	R	J	I	S	E	A	D	E	B	L	G
T	C	O	U	N	T	I	N	G	N	B	O
F	R	E	C	O	N	C	I	L	E	D	S
J	Q	D	H	T	O	B	U	C	J	E	P
T	M	E	C	O	M	M	I	T	T	E	D

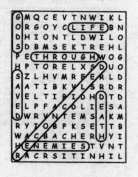

PG.93

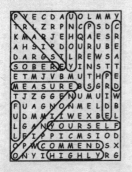

PG.95

```
C Y P L E A S I N G M Y
B L E M I S H C D S D M
K M J R J E A Q D E S P
K H S E P D R U T U B D
I A R G R E M E M B E R
N I N J S A T I T S T F
G T M C A L L E D H N I
S A C R I F I C E G Q R
T J Z G G E H U M U U M
E H A G N B N M E L S W
C O N D E M N A T I O N
O L A C S R V C A X W N
N Y L P P I C T E S T R
O S W R V B N D X U S D
M N Y T H A N K S V R X
```

PG.97

PGS.98—99

ASK YOURSELF
ANSWERS

1. JESUS CHRIST.

2. DEPEND ONLY ON JESUS.

3. KEEP YOUR MIND AND HEART FOCUSED ON HIM.

4. HE SENT US HIS SON.

5. THE HOLY SPIRIT IS GOD!

6. HE WOULD LIVE IN OUR HEARTS.

PG.101

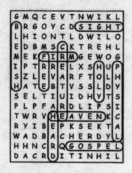

PG.103

PG.105

WORKS   REQUIRES

ANSWERED   BELIEVE

ONE   SENT

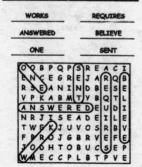

PG.107

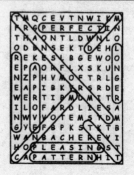

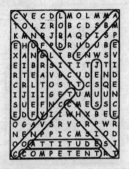

COMMAND	NAME
CHRIST	LOVE
ANOTHER	COMMANDED

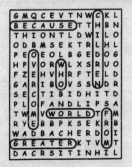

183

PG.117

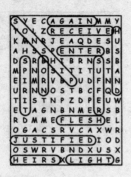

PG.119

FEAR	PERFECT
DRIVES	BECAUSE
PUNISHMENT	LOVED

PG.121

KNOW	THINGS
WORKS	GOOD
CALLED	PURPOSE

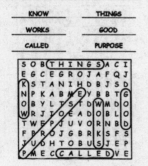

PG.123

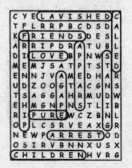

PG.125

```
C V E C L A N G I N G M
T Y L Z R P A C D S D O
K M R J F A T H O M U
A H S B P D B U T U B N
D A R G A I T R N W S T
M I N J S L R U D H A I
E M Y S T E R I E S P I
U R N O O B T B C G O N
T P R O P H E C Y U O S
E U A G N R D I M G R B
R E S O U N D I N G E L
O G A G S I V C M O W R
N E N P P B C M S O V D
O O N R V N N D X O V E
G N T O N G U E S V M E
```

PG.127

```
E V E C E V I L L M M P
I N L Z R T B C D S R R
P M V R J R A Q D Q O O
O H S V P U R I U U B T
S A R G V S B D N W S E
S I N J S T I T S T C S
S T M J V S M U D H N T
S R D E L I G H T G Q S
S J Z G G E H U M U U W
E U R E J O I C E S S B
R D M M E I W E K B E L
O G A D S R V C R D W R
N E N P P I C M S U O D
O I M W R O N G S U D X
K N A N G E R E D V A E
```

PGS.128—129

ASK YOURSELF
ANSWERS

1. HE GUIDES US INTO ALL TRUTH.

2. JESUS IS THE TRUTH.

3. THE WORD IS TRUTH.

4. THE SPIRIT IS THE SOURCE OF LIFE.

5. THE FLESH COUNTS FOR NOTHING.

6. THE FLESH CANNOT PRODUCE THE FRUIT OF THE SPIRIT.

PG.131

```
U M Q C E C T N V I K L
N R G O Y E D T I U B S
D H C O N R L D S I U U
E E D O M S T K T I E H R
R E M E O A B G B W O E
S P M O R I L X L K U O
T Z E H F N R F E R L U
A A N I O K V S S R D N
N E D I T F A I T H T I
D L E F M N D L I P S O
T W D V E T H O P E K E
R Y I B D P K S E K T R
W A D B A C H E R D Y S
A N C I E N T S V N E
D A C R S I S E E H I L
```

185

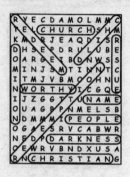

PLEASE	ANYONE
COMES	EXISTS
REWARDS	SEEK

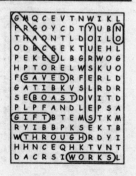

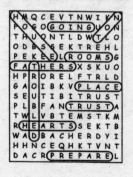

PG.141

BEING	WHAT
CERTAIN	SEE
ANCIENTS	COMMENDED

```
S O B P Q P E R E A C A
E G C E R T A I N F Q N
R S T A N B H D B J S C
V P K A B E X Y B B T I
W H A T T I T D E M D E
N R J I S N A D E B L N
T W E R J G V O S N B T
C O M M E N D E D S F S
J Q D H T O B U C J E P
T M E C C P L B S E E E
```

PG.143

```
C Y E C D A M O L M M H
T F B R O T H E R S D U
K M J R J E A Q D E S M
A C T S P D R U T U B I
D A R G V I B R N W S L
S A C R I F I C E S T I
H T M J V B M U D H N T
U C N O O S T B C G Q Y
M H Z G G E H U M U W B
B O A G F R E E D O M B
L S M M E I W E X B E L
E E A C S R V C A J W R
N N L P P I C M S U O D
L A W L E S S D X S S X
M N Y I E X J D H T R G
```

PG.145

HAVE	PRIEST
THROUGH	HEAVENS
FIRMLY	PROFESS

```
S O B P Q P E R E A C P
E T H R O U G H A F Q R
R S T A N I H D B J S I
P R O F E S S Y B B T E
A B Y L T N A F E M D S
N R J I E E A I E B L T
T W E E J U V R S N B O
F P A Q B B M V S F S E
J E S H T O B L C J E P
H M H A V E L Y T P V E
```

PG.147

```
C Y E C D A H A N D M Y
T R L H R P B C H I L D
K E J I J E A Q D E S P
A F S L P D R W T U B D
D L R D V A B I N W S B
M E N I S G T L T S T S
E C M S V E M L D H N T
U T N H O S T I C M Q R
G I Z G D E H N M I U E
L O A G E B N G E R S U
O N M M S I W E X R E G
R G A C I R V C A O W T
Y E L P R I C M S O R H
O F A C E B N D X U S X
M N Y I S X G U I D E G
```

187

PG.149

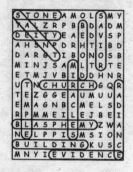

PG.151

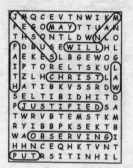

PG.153

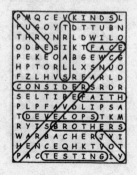

PG.155

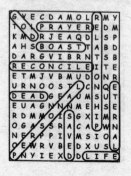

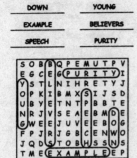

DOWN	YOUNG
EXAMPLE	BELIEVERS
SPEECH	PURITY

```
S O B B Q P E M U T P V
E G C E G P U R I T Y I
Y S T L N I H R E T Y J
O P K I B M X S I J S D
U B Y E T N T P B B T E
N R J V S E A E B M D E
G W E E J U V E E B O G
F P J R J G B C E N W O
J Q D S T O B H S S N S
T M E E X A M P L E E P
```

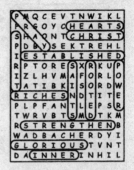

```
P M Q C E V T N W I K L
F R G O Y C H E A R T S
S H A O N T C H R I S T
P D B Y S E K T R E H L
I E S T A B L I S H E D
R P T O R E S X R K U P
I Z L H V M A F O R L O
T A T I B K I S O R D W
R I C H E S N D T I T E
P L P F A N T L E P S R
T W R V B T S M D T K M
R S T R E N G T H E N B
W A D B A C H E R D Y I
G L O R I O U S T V N T
D A I N N E R I N H I L
```

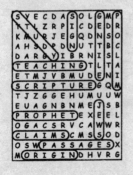

```
S V E C D A S O L G M P
T T L Z R P I C D E D R
K M U R J E G Q D N S O
A H S D P D N U T T B C
D A R G Y I B R N I S L
T E A C H I N G T L T A
E T M J V B M U D E N I
S C R I P T U R E G Q M
T J Z G G E H U M U U W
E U A G N B N M E J S B
P R O P H E T E X E E L
O G A C S R V C A W W R
C L A I M S C M S S O D
O S W P A S S A G E S X
M O R I G I N D H V R G
```

```
E X I S T S T A U G H T
T F L Z R U B C D B D M
R M B R J P A L D L S P
A H U E P E R O T E B D
N A I G V R B C N S S B
S I L J S V T K T S T E
O T T J V I M E D I N R
M R N O O S T D C N Q R
T J Z Z G G I R U N G U O
C U R S E O N E E L S O
R D M M E N W E D B E T
O G A C S R V C A E W E
C R U C I F I E D A E O
O S W R V B N D X U S M
P R I S O N E R S V R G
```

```
C Y B L O O D O L M M A
T F L Z R P B C D S B M
K P A Y M E N T D B S P
A H S E P D R U A U B A
B A R G F I B R N W S S
O I N J U A O I T S T O
U T M J L B R U D H N U
N R N O L S N B D G Q S
D J S T U M B L E S U E
E F A G N B N M F L S D
R R M M E I W E E B E L
O E A C O D E C C X W R
N E L P P I C M T I O D
O S W R V B N D L U S X
W I S D O M J D H V R G
```

ASK YOURSELF
ANSWERS

1. TO BELIEVE IN JESUS.

2. WE MUST HAVE FAITH.

3. IT IS A GIFT FROM GOD.

4. A CHRISTIAN WILL HAVE TROUBLE.

5. IN HIS LOVE.

6. IT DEVELOPS PERSEVERANCE.

SUPER BIBLE ACTIVITIES FOR KIDS!

Barbour's Super Bible Activity Books, packed with fun illustrations and kid-friendly text, will appeal to children ages six to twelve. And the price—only $1.39—will appeal to parents. All books are paperbound. The unique size (4⅛" x 5⅜") makes these books easy to take anywhere!

A Great Selection to Satisfy All Kids!

Bible Activities

Bible Activities for Kids

Bible Connect the Dots

Bible Crosswords for Kids

Bible Picture Fun

Bible Word Games

Bible Word Searches for Kids

Clean Jokes for Kids

Fun Bible Trivia

Fun Bible Trivia 2

Great Bible Trivia for Kids

More Bible Activities

More Bible Crosswords for Kids

More Clean Jokes for Kids

Super Bible Activities

Super Bible Crosswords

Super Bible Word Searches

Super Silly Stories

Available wherever books are sold.
Or order from: Barbour Publishing, Inc.
P.O. Box 719
Uhrichsville, Ohio 44683
www.barbourbooks.com

If ordering by mail,
please include $1.00 for postage and handling per order.
Prices subject to change without notice.